트위터 유머
twitter humor

_____ 님께

감사와 사랑의 마음을 '웃음'에 담아 전합니다.

_____ 드림

트위터 유머

강진영 엮음

KOREA.COM

contents

○ 엮은이의 글: 트위터에 웃음 바이러스를 전파하라 • 6

CHAPTER 1

유머 트윗질로 시간을 살리다 • 9

핸드폰 유머: 오타가 운명을 바꾸다 • 10
에피소드 유머: 삶이 곧 코미디다 • 17
황당 유머: 웃다가 뒤로 넘어가지 말 것 • 29

Tip: 세상을 바꾼 트위터! 도대체 '트위터'란 무슨 뜻? / 직장인과 트위터 / 100자도 아니고 200자도 아니고, 왜 하필 140자? / 트위터 할 때 이거 모르면 왕따?

CHAPTER 2

상사를 웃기는 것도 고과다 • 69

풍자 유머: 촌철살인으로 세상을 비틀다 • 70
유명인 유머: 아무나 성공하나? 스펙보다 유머력 • 87
언어유희 유머: 말놀이로 마음을 움직이라 • 109

Tip: 누가 만들었어? 트위터 속담 1 / 트위터愛 푹~ 빠진 명사들! / 트위터 세계에도 에티켓은 있다

CHAPTER 3 웃음은 영업력이다 • **123**

넌센스 유머: 단순하게 생각해! 인생은 넌센스야 • **124**
비즈니스 유머: 회의와 미니스커트는 짧을수록 좋다 • **140**
학교 & 군대 유머: 죽어도 다시 가고 싶진 않지만 • **154**
재치 유머: 웃음으로 풀면 술술 풀린다 • **173**

Tip: 누가 만들었어? 트위터 속담 2 / 도랑 치고 가재 잡고! 트윗질하고 돈도 벌고! / 기업 트위터 성공 7계명 / 트위터로 비즈니스에 박차를 가하라!

CHAPTER 4 회식의 왕자가 공주를 얻다 • **193**

섹시 유머: 아슬아슬할수록 끌린다 • **194**
부부 유머: 너 없이 못 살아? 너 때문에 못 살아! • **209**
고전 유머: 웃음에도 원조가 있다 • **236**
요절복통 건배사: 재치 구호로 파티 분위기 Up! • **249**

Tip: 드라마보다 극적인 트위터 에피소드 1, 2 / 미션! 팔로워를 모아라! / 뉴스 속보보다 한발 빠른 트위터 속보!

엮은이의 글
트위터에 웃음 바이러스를 전파하라

난 좀 잘났다. 우선 유머 강사로선 보기 드문 반듯한 외모(네모난 내 얼굴^^)를 가지고 있다. 차도 폼 나는 BMW를 이용한다(BMW는 버스, 메트로, 워킹이란 것은 다 아실 테고). 대중교통을 이용하면서 내가 자주 목격하는 장면이 있다. 학생이나 젊은 직장인들이 스마트폰으로 트위터를 하면서 키득거리는 모습이다. 사회적으로 분절된 사람들이 시공간을 뛰어넘어 140자로 서로 이어지고 있다. 짧게 실시간으로 소통하면서 근원적 외로움을 해결하는 사람들이 늘어나고 있는 것이다. 즉석에서 글을 올리고 리트윗을 하는 사람들이 주고받는 대화는 아주 소소한 이야기들일 것이다. 여기에 유머를 더하면 얼마나 좋을까? 소통이 부족한 이 시대에 소통의 문을 여는 열쇠가 유머가 될 수 있다는 생각에 이 책을 내게 되었다.

무엇보다 이 책의 주 타깃은 직장인이다. 직장인의 현실은 정글이다. 정글 속에서 살아남는 방법은 죽기 살기로 분투하는 삶

이 아니다. 힘든 현실을 버텨 낼 힘은 여유, 약간은 능글능글한 유머, 그리고 살짝 버무린 재치와 양념처럼 톡 쏘는 풍자와 해학에서 온다. 회의, 비즈니스 미팅, 회식, 출퇴근 등 적재적소에서 유머 한마디를 날려 분위기를 우호적으로 만드는 것도 능력이다.

위기에 처해 있을수록 분위기를 반전시키는 유머 한마디는 빛을 발한다. 누군가 나를 화나게 할 때 화 대신 유머로 한 방 먹인다면 박수를 받을 것이다. 두려운 순간, 냉랭한 분위기, 서먹한 관계를 한순간에 끝장내는 것도 유머다.

이렇게 강력한 유머를 요즘 가장 잘나간다는 트위터에 담으면 어떨까? 내가 트윗한 유머를 누군가 리트윗해서 웃음 바이러스를 마구마구 전파시키는 거다. 그 유머를 읽은 사람들 주변이 웃음으로 환해질 장면을 상상하며 yes행복연구소의 120만 명 회원들에게 입증된 유머 중의 유머를 가려 뽑았다.

트위터에 올릴 수 있는 글자는 140자다. 그렇다고 꼭 140자에

맞추지는 않았다. 트위터의 글자 수보다는 트위터의 전염성에 주목했다. 유머란 것이 보태고 빼면서 스스로 변화하는 것이니 이 책에 실린 유머들이 나중에 어떤 모습이 되어 트위터를 돌아다닐지 상상하는 것도 무척 흥미로운 일이다.

자, 그 일은 이제 뻔뻔(fun fun)한 독자들의 몫이다!

웃음 바이러스를 제조하며
— 강진영

Chapter 1
유머 트윗질로 시간을 살리다

출퇴근길이 무료하다고? 트위터에 웃음 바이러스를 마구 전파하라.
웃음 바이러스에 전염된 세상은 훨씬 살기 좋아질 것이다.

핸드폰 유머: 오타가 운명을 바꾸다

◉ 핸드폰 오타 시리즈

남자친구와 헤어지고 펑펑 울고 있는데 남자친구에게 온 문자
[좋은 감자 만나] 나쁜 놈!

봉사활동 가던 도중에 엄마에게 온 문자
[어디쯤 기고 있니] 엄마 제가 기어서 가나요?

할머니께 "할머니 오래 사세요"라고 적어야 하는데…….
[할머니 오래 사네요]

늦게 들어간다고 엄마에게 문자 보냈더니 온 답장
[그럼 올 때 진화하고 와]

트위터 유머

엄마에게 나 좀 데리러 오라고 한다는 것이
[임마 데리러 와]

생일에 여자친구가 "원하는 거 없어?"라고 보낸 문자에, 딱히 원하는 선물이 없어서
[딱히 원하는 건 ㅇ벗어]

소개팅한 여자에게 "너 심심해?"라고 물어본다는 게…….
[너 싱싱해?]

친구에게 보낸다는 걸 잘못해서 택배 아저씨에게 보낸 문자
[오늘 울 집 오면 야동 보여 줌]
결국 택배 아저씨 왔을 때 집에 없는 척했음. (근데 계속 문 두들김)

친구에게 여자를 소개해 주고 "저녁 잘 먹어"라고 문자를 보내야 하는데…….
[저년 잘 먹어] 친구야, 그건 오해야…….

할머니가 중풍으로 쓰러지셔서 급한 마음에 엄마에게 보낸 문자
[할머니 장풍으로 쓰러지셨어]

내 신발을 사러 가신 엄마가 내 발 사이즈 물어보려고…….
[너 시발 사이즈 몇이야]

문자가 서투르신 아빠에게 온 문자
[아바닥사간다] 아빠는 통닭을 사오셨다.

어머니께서 보내신 무엇보다 무서운 문자
[아빠 술 마셨다. 너의 성적표 발견. 창문으로 오라]

아빠는 힘드실 때 나에게 문자를 보내신다.
[아빠가 너 엄 창 사랑하는 거 알지?]

새로 사귄 여자친구에게 생일 선물 받은 걸 보답하기 위해 생일이 언제인지 물어봤다.
[너 생 ㅇ리 언제야?] 비록 오타였지만 좋은 정보였다.

오늘 여자친구에게 선물을 사줬더니…….
[고마워 자기야. 사망해~♡]

우울할 때 남자친구에게 위로받고 싶어 "나 오늘 또 울었다"라고 보낸다는 걸…….
[나 오늘 똥루엇따]

피자 먹는다는 이야기를…….
[나 지금 피지 먹어] 어쩐지 너 피부가 좋더라.

문자 내용이 많을수록 문자 요금이 많이 나가는 줄 알았던 엄마. 딸이 밤늦도록 들어오지 않자…….
[오라]

◉ 재미있는 반전의 말

보낼 수 없어 ………………………………… 그럼 주먹 낼까?
사랑 ……………………………………… 오랑 더하면 구지?
사실 나 널 …………………………………… 뛰기 선수야!
너 재수 없어! ……………………… 꼭! 한 번에 대학 가야 해!
너 못생겼다고 소문났어 ………… 난 망치 생겼다고 소문났고.
실은 정말 사랑했어 ………………………………… 바늘을
너만을 ……………………………………………… 나 양파.
사실 나, 사랑했어, 너 ……………………… 구리 라면을.
넌 죽을 준비해! ……………………… 난 밥을 준비할 테니.
너무해! ……………………………………… 나 배추 할게.
넌 예쁜 천사 ……………………………… 난 재봉틀 살게.
너 이제 날 생각하지 마 ……………… 날개도 없는 주제에.
네가 정말 원한다면 …………………………… 난 네모 할게.
원래는 너 많이 좋아해 ……………… 구준엽도 너 좋아한대?
나 묻고 싶은 게 있는데 ……………………………… 삽 좀 줘.
너는 나의 전부 ………………………………… 치는 실력 알지?
전부터 생각해 봤는데 너라면 ……………… 잘 끓이더라!
너 보고 시퍼 ……………………………………… 렇게 질렸어.
넌 왜 사니? ………………………………………… 난 삼인데.

🐦 트위터 유머

너 밖에 없어 ················· 난 안에 있는데.
나의사랑 ············· 놀 테니까 넌 간호사랑 놀아.
이별은 무엇일까? ············· 이 별은 지구야.
너 돼질 준비해! ············· 난 상추 준비할게.
우리 앞으로 만나지 말자············· 뒤로 만나자.
나 말리지마! ············· 나 건조한 거 싫어!
난 말이야 ················· 넌 소 해!
절 사랑하세요? ············· 전 교회를 사랑합니다.

twitter tip

세상을 바꾼 트위터! 도대체 '트위터'란 무슨 뜻?

트위터twitter의 사전적 의미는 '새가 지저귀다, 짹짹거리다'이다. 이 의미에서 유추할 수 있듯 트위터는 새가 재잘거리듯이 하고 싶은 말을 그때그때 짧은 문장으로 올릴 수 있는 SNS Social Network Service 다. 눈치 빠른 사람이라면 트위터 화면에 왜 항상 새가 등장하는지 알 것이다.

직장인과 트위터

한국 직장인 열 명 중 일곱 명이 트위터를 사용한다. 직장인들이 주로 트위터를 이용하는 시간과 장소는 회사보다는 집, 그리고 근무 시간보다는 출퇴근길이었다. 트위터를 이용하는 가장 큰 이유는 개인적인 취미와 재미 추구를 위해서고 다음은 정보 공유, 뉴스나 이슈 획득, 인맥 형성 등이다. 직장인들은 회사 생활 등의 일상을 주로 올리며 응답자의 70퍼센트가 트위터 주소를 상사에게 자발적으로 알리지 않겠다고 답했다.

트위터 유머

에피소드 유머:
삶이 곧 코미디다

◎ 요절복통 세상사

신종플루에 걸린 척해서 조퇴 한 번 하겠다고, 드라이기로 귀를 데우고 양호실 가서 체온을 쟀더니 80도가 나왔다던 고등학생.

원빈의 실물을 보고 '생각보단 별로네'라고 생각하면서 옆자리에 있는 남자친구를 봤더니 웬 오징어가 팝콘을 먹고 있더라.

남자친구랑 있는데 방귀가 나올 것 같아서 큰 소리로 "사랑해!"를 외치며 방귀를 뿡 뀌었는데 남자친구가 하는 말. "뭐라고? 방귀 소리 때문에 못 들었어."

공원에서 운동하던 중에 저 멀리서 '거시기'를 내놓은 한 남자가 뛰어오기에 잔뜩 긴장했는데, 가까이에서 보니 허리에 줄넘기를 묶고 조깅을 하는 남자더라.

눈이 작은 친구랑 스티커 사진을 찍었는데 잡티 제거 기능을 누르는 순간 그 친구의 눈이 사라졌다.

버스에 자리가 없어서 한참을 서있다가 너무 힘들어서 아주 작은 목소리로 "앉고 싶다, 앉고 싶다, 앉고 싶다"라고 중얼거렸다. 그런데 버스가 갑자기 급정거하는 바람에 앞에 앉아 계시던 할아버지 귀에 "앉고 싶다"라고 속삭여 버렸다.

주유소 아르바이트생이 마음에 들어서 눈도장 찍으려고 매일 휘발유를 1리터씩 샀는데, 어느 날 그 동네에 연쇄 방화 사건이 일어나자 아르바이트생이 경찰에게 그 여자를 1차 용의자로 지목했다고…….

빵집에 망토 입고 갔다가 팔 없는 애라고 생각한 빵집 주인이 빵 봉지를 줄에 묶어서 목에 걸어 주었다. 아니라고 말하기도 좀 그래서 빵집 문을 어깨로 밀고 나왔다.

신혼부부가 늦은 밤에 뚜껑이 열리는 렌터카를 타고 가던 중

신부가 그 뚜껑을 열고 머리만 쏙 내밀고 있었다. 그런데 길가에 한 노부부가 손을 마구 흔들기에 차를 멈췄더니 깜짝 놀라며 미안하다고 그냥 가던 길 가라고 했다. 택시인줄 알았다나…….

아버지가 아들에게 '찌질이'가 뭐냐고 물어보셔서 촌스럽고 덜떨어진 사람을 말한다고 말씀드렸는데, 어느 날 아버지 핸드폰을 열어 보니 형이랑 자기가 '찌질이 1' '찌질이 2'로 저장되어 있었다.

빨간 코트에 까만 어그부츠를 신고 나갔더니 남자친구가 "너 영의정 같다"라고 했다.

동물 다큐 프로그램에서 엄청 큰 상어가 나오니까 보고 계시던 할머니가 "저게 고래냐, 상어냐?"라고 물으셨다. 그 순간 절묘하게 성우가 "저것은 고래상어다"라고 했다.

용 세 마리가 승천하는 꿈을 꾸고, 날이 밝자마자 복권을 샀는데 다 꽝일 뿐. 낙심한 나머지 '너구리 라면'을 끓여 먹으려고 봉지를 뜯었더니 다시마가 세 개 들어 있었다.

엄마랑 배스킨라빈스 아이스크림 가게에 가서 점원에게 "'엄마는 외계인' 주세요"라고 했는데 뒤에 있던 엄마 왈, "엄마는 됐다니까!"

'캔모아'에서 빙수를 먹으려는데 한 선배에게 "지금 뭐해?"라는 문자가 왔다. "아, 오빠! 저 지금 캔모아 빙수 먹으려고요^^" 이렇게 답장을 했더니, 돌아온 선배의 문자 "○○는 참 알뜰하구나!^^"

동물 다큐프로에서 나무늘보가 나무에서 떨어져 강물에서 허우적대는 장면이 나왔다. 그때 나온 내레이션, "지금 저 나무늘보는 생애에서 가장 빨리 움직이고 있는 것입니다."

머리를 양 갈래로 묶은 여학생이 다이어트를 하려고 밤에 두툼한 땀복을 입고 주차장에서 줄넘기를 했다. 한참 하다가 힘이 들어서 주저앉아 헥헥거리고 있는데, 한 남자가 "아니, 뭔 개×끼가 사람만 해?"

친구에게 '민토' 앞에서 보자고 했다. 친구는 '민병철 토익학원' 앞에 서있었다.

◎미남과 추남의 차이점

미남이 윙크하면 유혹, 추남이 윙크하면 희롱

미남이 침 뱉으면 박력, 추남이 침 뱉으면 더티(dirty)

미남이 공부하면 유식, 추남이 공부하면 발악

미남이 말 타면 왕자, 추남이 말 타면 방자

◎Q&A

정답이 두 개니 잘 맞춰 보세요. 사과나무에 사과가 4개, 복숭아나무에 복숭아가 5개, 배나무에 배가 몇 개?

답: 2개 (처음에 분명 두 개라고 말했다.)

나: 벙어리가 슈퍼에서 칫솔 달라고 할 때 어떻게 해야 하지?
친구: 양치하는 척해야지.
나: 그럼 장님이 지팡이 달라는 건?
친구: 지팡이 짚는 척.
나: 장님은 벙어리가 아니야.
친구: …….

나: 코카콜라를 입술과 입술을 닿지 않게 말해 봐.
친구: 커 카 컬 라.
나: 원래 코카콜라는 입술 안 대고 말할 수 있어.
친구: …….

나: 캠퍼스라고 5번 말해 봐.
친구: 캠퍼스 캠퍼스 캠퍼스 캠퍼스 캠퍼스.
나: 세 번만 더.
친구: 캠퍼스 캠퍼스 캠퍼스.
나: 각도 잴 때 쓰는 기구는?
친구: 컴퍼스!

 트위터 유머

나: 바보, 각도 잴 때는 각도기를 쓰지.

나: 달리기를 하는데, 3등이 2등을 추월하면 몇 등이게?
친구: 당연히 1등이지!
나: 바보, 2등을 추월하면 2등이지 1등이냐?

나: 야, 이번엔 잘해 봐. (잔뜩 긴장을 준다.)
친구: 알았어. (잔뜩 긴장)
나: 달리기를 하는데 꼴등을 추월했어! 그럼 몇 등?
친구: 꼴등 바로 앞.
나: 미치겠다. 어떻게 꼴등을 추월하냐?

나: 영희네 가족은 엄마, 아빠와 일곱 자매야. 자매의 이름은 빨숙이, 주숙이, 노숙이, 초숙이, 파숙이, 남숙이거든. 그렇다면 막내의 이름은 뭘까?
친구: 보숙이.
나: 내가 처음에 영희네 가족이라고 했잖아. 영희지.

나: 놀부의 여동생 이름은 놀순이야. 따라 해봐, 놀순이.
친구: 놀순이!

나: 그럼 놀부의 남동생 이름은?

친구: 놀돌이!

나: 놀부의 남동생 이름은 흥부야.

나: 소가 낳는 애는?

친구: 송아지

나: 말이 낳는 애는?

친구: 망아지

나: 개가 낳는 애는?

친구: 강아지

나: 그럼 닭이 낳는 애는?

친구: 병아리

나: 풋! 달걀이다.

◉실수 백태

"치킨 집이죠?" 치킨 이름이 생각 안 나 고민하다가 문득 떠올랐던 그 말…….

"살 없는 치킨 있죠?" 젠장, 뼈 없고 살만 있는 건데…….

 트위터 유머

치킨 주문해 놓고 기다리는데 초인종 소리가 나기에 "누구세요?"라고 했더니 치킨 집 아저씨 하는 말.
"접니다."

내가 집에 전화해 놓고 엄마가 전화 받자 이렇게 말했다. "엄마, 지금 어디야?"

어느 중국집에 탕수육과 쟁반 자장을 시킨 후 한참이 지나도 오지 않자 다시 전화를 걸었다.
중국집: 예~
나: 아까 배달한 사람인데요. (친구들 쓰러짐)

아빠 담배 심부름 하러 슈퍼에 가서, "세븐일레븐 주세요"라고 말했다. 다행히 아르바이트생이 센스 있게 마일드세븐을 줬다.

나: 나 오늘 한국 도착해. 데리러 와.
친구: 알겠어. 비행기 몇 시에 추락하는데?
나: 착륙이겠지?

어떤 여자가 혼자 걸어가는데 불량소년들이 저쪽에서 "야, 너 이리와"라고 했다. 이 말을 "야, 날아와"라고 알아듣고 날아 갈 방법이 없으니까 손으로 훨훨 날갯짓을 하면서 갔더니 불량소년들이 미친×인 줄 알고 다 도망갔다.

어떤 패스트푸드 점원이 아침에 교회에서 열심히 기도하다가 아르바이트하러 갔는데 손님에게 한 말, "주님, 주문하시겠습니까?"

세 살배기 아들이 있는 아이 엄마가 서점에 가서 아이 동화책을 사려는데, 직원이 와서 "찾으시는 책 있으세요?" 물어보자 아이 엄마 왈, "돼지고기 삼형제."
《아기 돼지 삼형제》인데.

삼겹살 집에서 사장님을 부른다는 것이, "주인님! 2인분 더 주세요"라고 했다. 앞에 앉은 친구 왈, "너 삼겹살 집 종이냐?"

초등학교 때 반 아이들 앞에서 노래 부르는데 "동구 밖 과수원 길 아프리카 꽃이 활짝 폈네……." 아직도 놀림 받는다.

여직원이 커피를 타다가 전화를 받으면서 하는 말, "네, 설탕입니다."

 트위터유머

롯데리아 알바생이 맥도날드로 이직해서 첫날 한 인사말, "어서 오세요! 맥도리아입니다."

극장에 〈연애, 그 참을 수 없는 가벼움〉 보러 갔다가 표 끊는 사람에게 이렇게 말했다. "연애, 그 참을 수 없는 가려움 두 장이요."

서빙 아르바이트를 할 때 주인아주머니가 서비스로 갖다 주라고 했는데 손님들에게 갖다 주면서 이렇게 말했다. "보너스입니다." 근데 손님들이 진지하게 대답했다. "아, 네 감사합니다."

어느 술자리에서 한 친구가 물었다. "야, 후시딘은 사형됐어?" 친구야, 후세인이겠지.

버스를 타고 가다 잠이 들었는데 도자기를 들고 가는 꿈을 꾸었다. 그런데 버스가 급정거를 하는 바람에 꿈속에서 도자기가 떨어지는 줄 알고 황급히 손을 쭉 뻗어서 도자기를 잡으려고 했다. 꿈에서 깨 눈을 떠보니 마치 돈 달라는 포즈로 사람들에게 손을 뻗고 있었다.

어느 겨울날 포장마차에서 어묵을 먹고 국물을 종이컵에 담아 호호 불어 마시며 길을 가고 있는데 예전 애인을 만났다. 그 모습을 아련하게 쳐다보던 옛 애인, "여전히 커피 좋아하는구나."

한 여학생이 버스를 탔는데 자리에 앉은 남학생이 가방을 받아 주었다. 속으로 '상냥하게 고맙다고 말해야지. 상냥하게, 상냥하게'를 계속 외우고 있다가 내릴 때 가방을 받으면서 "상냥합니다"라고 말해 버렸다.

twitter tip

100자도 아니고 200자도 아니고, 왜 하필 140자?

트위터 개발자들은 글 하나를 올리는 데 3~5분 정도면 사람들이 귀찮아하지 않고 트위터를 많이 이용할 것이라고 생각했다. 그래서 타자 속도가 느린 사람과 빠른 사람의 평균을 내 140자로 했다.

트위터 유머

황당 유머:
웃다가 뒤로 넘어가지 말 것

◎ 감히 너 따위가

탤런트 ○○○와 △△△이 사귈 때 어느 행사장에서 한 리포터가 △△△에게 질문했다. "○○○ 씨를 꽃에 비유한다면 어떤 꽃인가요?" △△△이 피식 웃으며 "감히 꽃 따위가……"라고 대답했다. 그걸 본 어떤 여자가 남자친구에게 물었다. "자기야, 난 어떤 꽃이야?" 남자친구가 피식 웃으며 하는 말, "감히 너 따위가……."

◎ 토끼와 미친놈

우리 강아지가 옆집에서 키우던 토끼를 물고 왔는데 토끼는 이미 흙투성이가 된 채로 죽어 있었다. 식겁해서 토끼에게 묻은 흙을 깨끗하게 씻어 내고 옆집 토끼장에 몰래 갖다 놓았는데 다음 날 옆집 사람이 하는 말. "웬 미친놈이 죽어서 땅에 묻은 토끼를 씻어서 갖다 놨네."

◉ 회 뜨는 거?

남자와 여자가 술에 취했다. 여자가 "오빠, 해 뜨는 거 보고 싶어"라고 말하고 술기운에 잠시 잠이 들었다 일어나 보니 바다 냄새가 진동했다. 진짜 바다에 온 줄 알고 감동했는데……. 뜨악! 수산물 시장! 남자는 혀 꼬인 여자의 말이 "회 뜨는 거 보고 싶다"인줄 알았던 것.

◉ 교수님 전상서

교수님께 성적 정정을 요청하는 메일을 보내고 나서 며칠 뒤 우연히 발신메일함에 들어가서 확인했더니 "교수님, 저에게 B를 주셨습니다"라고 해야 하는데 "교수님, 저에게 B를 주셨습디다"라고 써서 보냈다고…….

트위터 유머

◉ 친구인 줄 알고

영화관에서 친구랑 영화 보다가 배가 아파서 잠깐 화장실에 다녀왔다. 다시 돌아와서 친구 귀에다 "나 똥 2킬로 쌌다!"라고 말했는데 알고 보니 친구가 아니라 모르는 아저씨……. 아저씨 왈, "수고하셨어요."

◉ 아빠의 눈물

밤새 인터넷 서핑하다가 아빠가 오는 소리에 얼른 자는 척했다. 술 취한 아빠가 딸이 자는 줄 알고 머리를 쓰다듬으면서 "우리 ○○ 이렇게 못생겨서 시집은 어떻게 가누" 하며 목 놓아 우셨다.

◉ 아빠의 걱정

한참 카카오 99% 초콜릿이 유행할 때, 술을 드시고 주무시는 아버지 입에 그 초콜릿을 한 알 넣어 드렸다. 다음 날 아침에 아버지 왈, "이제 술을 끊어야겠어. 어젯밤엔 쓸개즙을 토했지, 뭐야."

◉ 배스킨라빈스에서 생긴 일

한 시골 청년이 서울에 올라와서 여친과 처음으로 배스킨라빈스에 갔는데 여친이 먼저 "베리베리 스트로베리 주세요"라고 했다.

그것을 본 청년은 '아, 주문은 저렇게 하는 거구나'라고 생각하며 "닐라닐라 바닐라 주세요"라고 했다.

근데 그걸 또 알바생이 장난인 줄 알고 이렇게 말했다.

"라따 라따 아라~따."

◉ 할머니와 손자

할머니가 손자를 데리고 저녁을 먹고 이를 닦기 위해 틀니를 빼서 세면기 위에 올려놓았다.

그 모습을 신기한 듯 바라보던 손자가 할머니에게 하는 말.

"와! 할머니 대단하다! 그럼 눈알도 빼봐!"

◉ 초등학생의 일기

어제 할아버지가《치매에 걸리지 않는 법》이라는 책을 사오셨다. 오늘 또 사오셨다.

◉ 맞선

처녀 총각이 맞선을 보고 있었다. 두 사람 모두 상대가 마음에 들지 않아 빨리 자리를 뜨고 싶었다. 남자가 먼저 피하려고 했는데 마침 전화벨이 울렸다. 전화를 받으러 다녀오는 척하며 말했다.

"죄송합니다. 저희 할아버지가 돌아가셨다는군요. 가봐야겠습니다."

이 말을 듣고 여자가 말했다.

"휴, 다행이네요. 그쪽 할아버지가 안 돌아가셨으면 저희 할아버지께서 돌아가실 뻔했어요."

◉ 사망신고

순진한 친구가 공무원 시험에 합격하고 동사무소에 처음 출근한 날. 점심시간에 혼자 자리를 지키고 있었는데 한 아주머니가 들어와 물었다. "저기, 사망신고 하러 왔는데요."

친구는 처음 대하는 민원인이라 너무 긴장한 나머지 "본인이세요?"라고 물었다.

그러자 사망신고를 하러 온 아주머니가 조금 당황한 듯이 되물었다.

"본인이 직접 와야 하나요?"

◉저 아니거든요?

어떤 청춘남녀가 소개팅 후 한적한 저수지 근처에 있는 카페로 저녁을 먹으러 갔다. 차가 일정 속도 이상 달리면 문이 자동으로 잠기는 오토 도어락 기능 때문에 차가 씽씽 달리자 문이 찰칵 잠겼다.

아가씨가 당황한 목소리로 외쳤다.

"어머! 왜 이러세요!"

순간 남자도 당황하여 자세히 설명했다.

"제 차는 60킬로 넘으면 문이 잠겨요."

아가씨의 앙칼진 대답.

"저 몸무게 60킬로 안 넘거든요!"

◉앵무새의 실언

한 아주머니가 슈퍼마켓에 갔다. 앵무새 한 마리가 있었는데 아주머니를 보자 말했다.

"아줌마, 무지하게 못생겼다, 못생겼어."

아주머니가 다음 날에도 슈퍼마켓에 갔는데 앵무새가 또 말했다.

"아줌마, 되게 못생겼네."

화가 난 아주머니가 주인에게 따졌다. 다음 날 주인에게 교육

받은 앵무새는 그 아줌마를 보자마자 한마디 했다.

"아줌마, 말 안 해도 알지?"

◎ 게으른 아들

아들: 아빠! 물 좀 갖다 주세요.

아빠: 냉장고에 있으니 갖다 먹으렴.

아들: 아빠! 물 좀 갖다 주세요.

아빠: 네가 직접 가서 마시라니까.

아들: 아빠! 제발 물 좀 갖다 주세요.

아빠: (화를 내며) 갖다 먹어! 한 번만 더 부르면 혼내 주러 갈 거다.

아들: 아빠! 저 혼내 주러 오실 때 물 좀 갖다 주세요.

◎ 4.5와 5

4.5와 5가 있었는데 5는 4.5를 이유 없이 못살게 굴었다. 하지만 어쩌랴? 자신이 0.5가 적은 숫자였으므로 4.5는 아무 말 없이 죽어지냈다. 그러던 어느 날 5가 4.5에게 커피를 타오라 하자 평소 같았으면 쪼르르 달려가 커피를 타 왔을 4.5가 뻣뻣하게 서서 5에게 말했다.

"니가 타 먹어!"
화가 난 5가 4.5에게 말했다.
"야! 너 왜 그래?"
그러자 4.5가 당당히 말했다.
"나 점 뺐어!"

◉샌드위치

전철에서 남학생 세 명이 나란히 앉아 있고, 그 앞에 여학생 두 명이 서있었다. 한 역에서 가운데 남학생이 내렸다. 두 남학생은 가운데 빈자리를 그냥 두었다. 머뭇거리던 여학생이 사이에 앉으면서 서있는 친구에게 말했다.
"나 샌드위치 되는 거 아니야?"
그러자 한 남학생이 건너편 친구에게 하는 말.
"야, 요새 샌드위치에 호박도 넣냐?"

◉가장 확실한 예언

많은 사람이 전쟁이 언제 끝날지 몰라 매우 불안해하고 있었다. 그런데 한 정치가가 전쟁이 두 달 안으로 종결될 것이라고 큰

소리를 치고 다니는 것이었다.

기자가 그를 찾아 인터뷰를 했다.

기자: 군사 전문가도, 심지어 점쟁이까지도 예측하지 못하고 있는데, 어떻게 그렇게 확신하는 거죠?

정치가: 이번 전쟁에 우리 둘째 아들놈이 참가했기 때문입니다.

기자: 네?

정치가: 그 녀석이 직장이든 뭐든 두 달 이상 넘기는 꼴을 내가 못 봤거든요!

◉ 소보로 아줌마

엄마가 탱돌이에게 심부름을 시켰다

"탱돌아! 빵집에 가서 곰보빵 좀 사와라."

"예, 엄마."

그런데 탱돌이가 빵집에 가면서 생각해 보니 그 빵집 아줌마가 곰보가 아닌가? 마음이 여린 탱돌이는 곰보빵을 달라고 하면 아줌마 마음이 상할까 봐 한참을 끙끙거리다가 좋은 생각을 해냈다.

"곰보빵을 '소보로'라고도 하니까 소보로 빵을 달라고 하면 되겠구나!"

드디어 빵집에 도착한 탱돌이는 문을 열며 씩씩하게 외쳤다.

"소보로 아줌마! 곰보빵 주세요."

◎할머니의 속도

어느 날 한 국도에서 경찰이 속도위반 차량을 잡고 있었다. 그런데 저쪽에서 차 한 대가 너무 느리게 달리는 것이었다. 경찰이 그 차를 멈춰 세웠다.

"속도위반입니다."

"이 길 처음 부분에 분명 '20'이라고 써있어서 시속 20킬로로

왔는데 뭐가 잘못됐소?"

"아! 그건 국도 표시예요. 여기가 20번 국도거든요."

"아, 그렇습니까? 미안합니다."

근데 뒤에 타고 있던 할머니가 손발을 부들부들 떨고 있었다.

"할머니, 왜 손발을 떠시나요?"

할머니가 대답하길,

"조금 전 210번 국도를 타고 왔거든."

◉ 치과 진료비

치과에서 이를 하나 빼고 청구서를 본 만득이는 깜짝 놀랐다. 금액이 다른 치과 청구서보다 세 배나 많았기 때문이다.

"이 하나 뽑는데 왜 다른 치과보다 세 배나 더 비싸게 받나요?"

만득이가 묻자 의사가 대답하였다.

"이를 뽑을 때 당신이 소리 지르는 바람에 환자 두 명이 도망갔어요."

◉ 독서 감상평

정신병원에서 환자 두 명이 얼굴을 마주 보고 독서 감상평을 나누고 있었다.

"이 책 다 읽었니?"

"응."

"어땠어? 난 이 책이 주인공만 많고 형식은 너무 단순하다고 생각해."

"나도 마찬가지야. 두껍기만 하고 재미가 없어."

그런데 간호원이 들어와서 소리를 질렀다.

"누가 대기실에 둔 전화번호부 가지고 갔어?"

◉작전상 후퇴

트럭 기사가 구멍가게에 들어가 빵과 우유를 먹고 있었다. 그런데 폭주족 다섯 명이 가게로 불쑥 들어오더니, 트럭 기사가 마시던 우유와 빵을 무자비하게 뺏어 먹었다. 잔뜩 겁을 먹은 트럭 기사는 얼굴이 벌개져 밖으로 나갔다.

"시원찮은 녀석, 겁먹긴. 으하하하."

그러자 가게 주인이 고개를 끄덕이며 말했다.

"그 사람 그것만 시원찮은 게 아녀."

"네?"

"운전 솜씨도 시원찮아. 자네들 오토바이 다섯 대를 모조리 트

럭으로 깔아뭉개고 갔어."

◉아가씨의 나이

일류 호텔 카지노에 온 한 아가씨가 어느 번호에 돈을 걸어야 할지 망설이고 있었다. 눈치 빠른 딜러가 아가씨를 꼬드겼다.

"맞히기만 하면 상금이 1,000배입니다, 1,000배!"

"어느 숫자에 걸어야 할까요?"

"아가씨 나이에 한번 걸어 보시면 어때요?"

잠시 주저하던 아가씨는 25라는 숫자에 100만 원을 걸었다. 이윽고 게임이 시작되고 33이라는 숫자에서 멈췄다. 그 순간 아가씨 충격을 받아 거품을 물고 쓰러졌다. 그 아가씨는 33세였다.

◉중국집에서

중국집에서 손님이 우동 한 그릇과 자장면 두 그릇을 시켰다. 그러자 웨이터는 주방에다 대고 소리쳤다.

"우~ 짜짜!"

조금 후에 7명이 들어와서 우동 세 그릇에 자장면 네 그릇을 시켰다. 그러자 웨이터는 또 주방 쪽에다 대고 소리쳤다.

"우~ 짜, 우~ 짜, 우~ 짜짜."

그런데 잠시 후 20여 명이 한꺼번에 들어왔다.

그들의 주문은 가지각색이었다.

짜장 3, 우동 2, 짬뽕 3, 탕수육 2 등등…….

과연 어떻게 주문할까? 모두 궁금해서 웨이터를 바라봤는데 그는 간단하게 주방을 향해 외쳤다.

"어이, 니도 들었제?"

◉ 거지와 신사

거지가 지나가던 신사에게 물었다.

"선생님, 재작년까지 내게 늘 만 원씩 주시지 않았습니까? 그런데 작년부터 왜 오천 원으로 줄었으며, 올해는 왜 천 원으로 줄었습니까?"

그 신사가 자초지종을 설명했다.

"전에는 내가 총각이었으니 여유가 있었지. 하지만 작년에 결혼을 했고, 이제는 애까지 있으니…….'

그러자 거지가 어이없다는 표정으로 말했다.

"아니, 그럼 내 돈으로 당신 가족을 부양한단 말입니까?"

◉ 술 취한 남편

술에 취한 남편이 자다가 일어나기에 화장실에 간 줄 알았다. 오랜 시간이 흘러도 들어오지 않아서 나가 봤더니 마루에서 마당에다 대고 소변을 보는 게 아닌가.

10분이 됐는데도 계속 그 자세로 서있는 남편에게 부인이 소리를 질렀다.

부인: 아니, 뭐하고 서있는 거예요?

남편: 술을 많이 마셨더니 소변이 멈추지를 않아.

부인: 그건 빗물 내려가는 소리예요.

◉ 한 놈 더 있어

어느 아저씨가 지하철을 탔는데 3분이 지나도 문이 닫히지 않았다. 이상하게 생각한 아저씨는 밖에 무슨 일이 있나 싶어서 문 밖으로 목을 내밀었는데 그 순간 지하철 문이 닫혀서 목이 끼고 말았다. 근데 이 아저씨가 목이 낀 채로 계속 웃는 것이었다. 그것도 아주 신나게……. 옆에 있던 꼬마가 물었다.

"아저씨, 안 아프세요? 왜 웃어요?"

아저씨 왈, "나 말고 한 놈 더 끼었어."

◎송사리 소풍

송사리 다섯 마리가 소풍을 갔다. 한참을 가다 보니 송사리가 갑자기 여섯 마리로 늘어났다. 그래서 다섯 마리의 송사리가 행렬에 끼어든 녀석을 보고 "넌 뭐냐?"라고 물었다. 그러자 그 송사리가 다소곳이 말했다. "저는 꼽사리인데요."

◎편지가 왔습니다

한 남자가 마당 잔디를 깎으려는데 옆집 여자가 집 밖으로 나와 곧장 우편함으로 향했다. 뚜껑을 열어 보는가 싶더니 힘껏 닫고는 씩씩거리며 집으로 들어갔다. 잠시 후 그녀가 다시 집 밖으로 나와 우편함을 열어 본 뒤 더 세게 닫고는 화가 단단히 나서 집으로 들어갔다. 남자가 잔디를 깎으려는 찰나 그녀가 또다시 나와 우편함으로 힘차게 걸어갔다. 하지만 뚜껑을 연 뒤 부서져라 세차게 닫았다.

남자가 그녀에게 물었다.

"무슨 일 있어요?"

그녀는 이렇게 말했다.

"이상해요. 빌어먹을 컴퓨터에 계속 이런 게 뜨네요. '편지가 왔습니다.'"

◉ 짱구의 대답

"거기 중국집이죠?"

그러자 짱구는 태연하게 대답했다.

"한국집인데요."

◉ 피의자

평생 감옥을 들락거린 피의자에게 판사가 물었다.

"당신은 살아생전 남에게 공헌한 적이 한 번이라도 있나요?"

"많이는 아니어도 최소 형사 20명에게 일자리를 제공했다고 자부합니다."

◉ 엄마는 안됐지 뭐예요

아주 비좁은 데서 살던 한 식구가 큰 집으로 이사했다. 동네 사람이 일곱 살 된 그 집 아이에게 새 집이 어떠냐고 물었다.

"아주 마음에 들어요. 이젠 저도 방이 따로 있고 누나들도 자기 방이 생겼어요. 그렇지만 엄마는 안됐지 뭐예요. 아직도 아빠랑 한 방을 쓰고 있으니까요."

◉모자란 놈과 미친놈의 차이

맹구가 정신병원 앞을 지날 때 자동차 타이어에 펑크가 났다. 그 바람에 바퀴를 지탱해 주던 볼트가 풀어져 하수도 속으로 빠졌다. 속수무책으로 어찌 할 바를 모르는 맹구에게 정신병원 담장 너머로 이 광경을 지켜보던 환자 한 명이 말했다.

"여보세요! 그렇게 서있지만 말고 남은 세 바퀴에서 볼트를 하나씩 빼서 펑크 난 바퀴에 끼우고 카센터로 가세요."

맹구는 정말 좋은 아이디어라고 생각하고 말했다.

"고맙습니다. 그런데 당신 같은 분이 왜 정신병원에 있죠?"

그러자 그 환자가 대답했다

"나는 미쳤기 땜에 여기 온 거지, 너처럼 모자라서 온 게 아냐, 인마."

◉노처녀 마음은 통한다

도시 생활에 염증을 느낀 두 노처녀가 돈을 모아 양계장을 차리기로 했다. 한적한 시골에 계사를 마련한 그녀들은 닭을 사러 갔다.

"양계장을 차릴 건데, 암탉 300마리와 수탉 300마리 주세요."

닭 장수는 그녀들을 이해할 수가 없었다. 하지만 그는 착한 사람이었으므로 솔직하게 말했다.

"암탉은 300마리 필요하겠지만, 수탉은 두세 마리면 족할 거예요."

그러자 노처녀들은 정색하며 동시에 말했다.

"하지만 우리는 짝 없이 산다는 게 얼마나 슬픈 일인지 알고 있거든요."

◉학교 가기 싫어

어느 날 아들이 어머니에게 떼를 쓰기 시작했다.

"엄마, 나 학교 안 갈래요. 가기 싫어요."

"대체 왜 그래? 이유가 뭐야?"

"애들이 나랑은 안 놀아 주고 자꾸 왕따시킨다 말이에요."

그러자 어머니가 한숨을 쉬며 타이르듯 말한다.

"그래도 가야지. 네가 선생님인데 어떡하겠니."

◉경상도 할머니

경상도 할머니가 독립기념관에 갔다. 한참을 돌아다니느라 피곤해진 할머니가 의자에 앉아 쉬는데 경비원이 다가와서 말했다.

"할머니, 이 의자는 김구 선생이 앉던 의자입니다. 앉으시면 안 돼요."

그래도 할머니가 태연히 앉아 있자 경비원은 다시 한 번 김구 선생의 의자이니 비켜 달라고 부탁했다. 이때 갑자기 화가 난 할머니가 말했다.
"야, 이 양반아! 주인 오면 비켜 주면 될 거 아이가!"

◎ 똥차

성질이 급하고 불평불만이 많은 사나이가 마을버스를 탔다. 그런데 마을버스가 떠나지 않고 계속 서있는 것이었다.
"왜 안 떠나는 거야?"
참다못한 그 사나이는 운전기사를 향해 크게 소리를 질렀다.
"이봐요, 이 똥차 언제 떠나요?"
그 말을 들은 운전기사는 나직한 목소리로 말했다.
"예, 똥이 다 차면 떠납니다."

◎ 황당한 산모

진통이 시작된 산모가 병원 엘리베이터에서 아기를 낳고 말았다. 산모는 창피함과 민망함에 고개를 못 들고 눈물을 흘리며 울었다. 그러자 간호사가 산모를 위로하며 말했다.

"울지 마세요. 작년에는 병원 앞 풀밭에서 아기를 낳은 사람도 있어요."

그러자 산모가 더욱 크게 울며 말했다.

"그때 그 사람이 바로 저예요!"

◎버스 기사

버스가 전용 차선으로 달리고 있었는데 느닷없이 승용차 한 대가 버스 앞으로 끼어 들어왔다. 열 받은 버스 기사는 경적을 울리면서 승용차를 위협했다. 그러자 승용차 운전사도 열 받아서 차를 세우고는 버스로 다가와 문을 쾅쾅 쳤다.

"문 열어, 이 ××야! 왜 빵빵대고 지랄이야!"

그러자 버스 기사는 "누가 전용차선으로 막 달리래, 이 ××야!"라고 했다.

화가 난 승용차 운전사가 버스 문을 열고 올라타 버렸다. 버스 기사는 문을 '확' 닫아 버리고 승용차 운전사를 태운 채로 질주했다. 순간 놀란 승용차 운전사가 소리쳤다.

"뭐 하는 거야! 빨리 안 세워? 빨리 내려 줘! 이 ××야!"

그때 버스 기사가 한마디 했다.

"내릴 거면 벨 눌러, 짜샤!"

◉ 걱정

〈무엇이든 물어보세요〉 프로그램을 보던 할아버지의 표정이 심각했다. 며느리가 물었다.

"아버님, 왜 그러세요?"

"얘야, 저기서 얘기하는 게 나하고 증세가 너무 똑같다. 아무래도 내가 저 병에 걸린 게 틀림없어."

그때 방송이 끝나면서 아나운서가 하는 말.

"지금까지 자궁암에 대해 알아보았습니다."

◉ 프로 정신

택시 기사가 화장실에 들어갔다. 그런데 밖에서 누가 문을 두드렸다. 그러자 안에서 일을 보던 택시 기사의 대답.

"합승은 안 돼요."

◉ 어떤 대답

어느 날 저녁 한 남자에게 모르는 사람의 전화가 걸려왔다.

남자: 여보세요?

발신자: 거기 윤정이네 집 아니에요?

트위터 유머

남자: 그런 사람 없거든요. 전화 몇 번에 거셨죠?

발신자: 한 번에요.

◎정신병자

어느 날 저녁, 젊은 여자가 정신병원 앞을 지나게 되었다. 그런데 갑자기 벌거벗은 남자가 병원에서 뛰어 나와 여자의 뒤를 쫓아오는 것이었다. 놀란 여자는 있는 힘을 다해 도망을 갔다. 남자도 역시 죽을힘을 다해 쫓아 왔다. 도망을 가다가 막다른 골목에 다다르자 젊은 여자는 모든 것을 체념한 듯 무릎을 끓고 눈물을 흘리며 빌었다.

"하라는 대로 다 할 테니 제발 목숨만 살려 주세요."

그러자 그 남자가 여자를 보며 말했다

"그래? 그럼 이제 네가 날 쫓아와 봐."

◎세 명의 궁수

여자 머리 위에 사과를 놓고 세 명의 궁수가 시합을 했다.

첫 번째 궁수가 명중을 하자 박수가 터졌다. 그러자 궁수는 "아이 앰 윌리엄 텔" 하고 소리쳤다.

두 번째 궁수도 명중을 하고 "아이 앰 로빈 후드"라며 기뻐했다. 마지막, 세 번째 궁수의 화살은 여자의 심장을 관통했다. 그러자 비명과 야유가 터져 나왔다. 궁수는 큰 소리로 외쳤다.
"아이 앰 소리."

◎ 화장실에서

화장실에서 한참 힘주어 일을 보고 있는데 옆 칸에 있는 사람이 말을 걸어 왔다.
"안녕하세요."
무안하게 웬 인사인지 의아했다. 혹시 휴지가 없어서인가 싶어 "안녕하세요"라고 인사에 답했는데 상대방이 별 얘기가 없다.
잠시 후, 다시 말을 건네는 옆 칸 남자.
"점심식사는 하셨어요?"
'이 사람 화장실에서 무슨 밥 먹는 얘기를 한담'이라고 생각했지만 예의 바른 나는 다시 대답했다.
"네, 저는 먹었습니다. 식사 하셨습니까?"
그러나 옆 칸에서 들려오는 말에 그만 굳어 버리고 말았다.
"저……. 전화 끊어야겠습니다. 옆에 이상한 사람이 자꾸 말을 거네요."

◎ 황당한 질문

엄마가 어린 아들을 데리고 동물원에 구경을 갔다. 사자 우리 앞에서 어린 아들이 엄마에게 물었다.

"엄마, 사자들도 천국 가?"

"사자들은 천국 못 가."

"그럼 착한 사람은 천국 가?"

"당연히 착한 사람은 천국 가지."

"그럼 사자가 착한 사람을 잡아먹어 버리면 사자는 천국 가는 거야, 못 가는 거야?"

◉ 구두쇠

구두쇠: 이발하는 데 얼마요?

미용사: 5천 원입니다.

구두쇠: 그럼 면도하는 데는 얼마요?

미용사: 2천 원입니다.

구두쇠: 그럼 내 머리 면도 좀 해주쇼!

◉ 장난 전화

중국집에 전화를 건다.

주인: 네, 중국집입니다.

나: 자장면 있어요?

주인: 네!

나: 자장면 좀 바꿔 주세요.

◉ 정숙

유치원에 다니는 꼬마가 고3인 형 방에 들어갔다가 쪼르르 달려 나오더니 엄마한테 고자질을 했다.

"엄마, 엄마! 형아 이제 대학에 떨어졌어. 형아가 여자 이름을

써두고 그것만 쳐다보고 있단 말이야."

설거지하다가 화가 난 엄마가 큰아들 방문을 확 열고 보니, 책상 위에는 이렇게 써있었다.

'정숙'

◉어느 부부의 말다툼

드라이브를 즐기던 부부가 사소한 일로 말다툼을 벌여 서로 말도 하지 않고 집으로 돌아가고 있었다. 차창 밖으로 개 한 마리가 보이자 남편이 아내에게 빈정대며 말했다.

"여보! 당신 친척이 보이는데 반갑지 않아? 인사나 하지 그래?"

이 말을 들은 아내가 화가 잔뜩 난 얼굴로 크게 소리를 질렀다.

"안녕하세요! 아주버님."

◉메모지

어느 부부가 싸웠다. 화가 난 남편과 아내는 서로 말도 섞지 않았다. 남편은 다음 날 회사에 일찍 나가야 해서 메모지를 아내에게 건넸다.

'내일 7시에 깨워 줘.'

그런데 아침에 일어나 보니 8시가 넘었다. 화가 난 남편이 아내를 노려보았다. 아내가 손짓하는 곳에 메모지가 있었다.

'여보, 7시예요. 일어나세요!'

◉아버지

한 아이가 선생님에게 혼나고 있었다.

"숙제를 이 모양으로 해오면 어떻게 해! 내일 학교로 아버지 모시고 와!"

아이는 뒤통수를 벅벅 긁더니 말했다.

"이 숙제 아버지가 해주신 걸 어떻게 아셨어요?"

◉휴대전화

한 남자가 탈의실에서 옷 갈아입느라 정신이 없는데 휴대전화 벨이 울렸다.

휴대전화: 아빠, 나 게임기 사도 돼?

남자: 어, 그래!

휴대전화: 아빠, 나 신형 휴대전화 사도 돼?

남자: 그럼!

휴대전화: 아빠, 나 새로 나온 컴퓨터 사도 돼?
남자: 너 사고 싶은 거 다 사!
휴대전화: 야, 신난다! 인터넷으로 지금 주문한다.
휴대전화를 끊은 후 남자가 주위를 두리번거리며 외쳤다.
"이 휴대전화 주인 누구요?"

◉시험 문제

아들 맹구의 시험 성적을 놓고 부모가 대화를 나눴다.
"맹구의 역사 시험 성적은 어떻소?"
아빠가 묻자 엄마가 대답했다.
"별로 좋지 않아요. 하지만 그 아이 잘못은 아니죠. 글쎄 시험 문제가 전부 그 아이가 태어나기 전에 일어난 일들이더라고요."

◉개구리의 소원

외로운 개구리 한 마리가 상담 센터에 전화해서 자신의 장래에 대해 물었다. 상담자가 대답했다.
"당신의 모든 것을 알고 싶어 하는 아름다운 소녀를 만날 거예요."
그 얘기를 듣고 개구리는 정말 기뻤다.

"와! 파티에서 만나나요?"
"아니요, 생물 시간에 만납니다."

◉ 고자질

필순이네 할머니는 전기요금 청구서를 보고 깜짝 놀랐다. 요금이 너무 많이 나왔기 때문이다.
"아니, 이게 어찌 된 일이냐?"
옆에 있던 필순이가 말했다.
"할머니는 하루 종일 텔레비전 보시고, 전기히터와 불을 켜놓고 주무시잖아요."
"이상하네. 항상 문을 잠가 놓는데 전기회사 사람들이 그걸 어떻게 안 거야?"
그러자 옆에 있던 필순이 엄마가 말했다.
"어머니, 누가 고자질했나 봐요."

◉ 마스크

엄마를 따라 병원에 온 아들이 물었다.
"의사는 수술할 때 왜 마스크를 쓰는 거예요?"

이 말을 들은 엄마가 말했다.

"아마 수술이 실패하더라도 환자가 자신의 얼굴을 기억하지 못하게 하려고 그렇겠지."

◎오해

학년 말 성적표를 받아 온 아들이 밝은 얼굴로 힘주어 아버지에게 말했다.

"아버지, 우리 반에서 제 인기가 최고인가 봐요."

"어째서?"

"선생님이 나보고 1년만 더 있어 달라고 부탁까지 하셨어요."

◎괴한보다 무서운 노처녀

시집을 못간 노처녀가 있었다. 어느 날 밤늦게 집에 돌아가던 노처녀는 '어느 남자가 내 팔 한 번 안 잡아 주나?'라고 생각했다. 그런데 갑자기 괴한이 나타나 꼼짝 못하게 붙잡았다.

노처녀: 이거 놔 주세요!

괴한: 절대로 못 놔준다.

노처녀: 그럼 소리 지를 거예요.

괴한: 마음대로 해봐.

노처녀: 동네 사람들, 나 시집가요!

◉아내가 이서하는 방법

어떤 부인이 은행에 가서 수표를 현금으로 바꿔 달라고 하자, 직원이 부인에게 말했다.

"수표 뒷면에 성함과 전화번호를 적어 주세요."

부인은 날카롭게 "수표 발행자가 바로 제 남편이란 말이에요"라고 말했다.

"수표 뒷면에 이서를 하셔야 남편께서 이 수표를 누가 현금으로 바꿔 갔는지 아십니다."

그제야 부인은 고개를 끄덕이며 수표 뒷면에다 다음과 같이 적었다.

'여보, 저예요.'

◉농부와 아가씨

예쁜 아가씨가 산길을 넘어 계곡을 지나다가 작은 저수지를 발견했다. 아가씨는 수영이 하고 싶어졌다. 주위에 둘러보고 아

무도 없음을 확인한 그녀는 옷을 하나씩 벗기 시작했다.

옷을 다 벗고 저수지에 막 들어가려는 순간, 수풀 속에 숨어서 이를 지켜보던 농부가 불쑥 튀어나와 말했다.

"아가씨, 여긴 수영이 금지돼 있슈!"

그녀는 화들짝 놀라 옷으로 몸을 가리며 말했다.

"아저씨, 그럼 옷 벗기 전에 미리 말해 주셔야지요!"

그러자 농부가 말했다.

"옷 벗는 건 괜찮아유."

◎ 티코와 아줌마

아줌마가 티코를 운전하다가 벤츠와 부딪쳤다. 벤츠는 살짝 긁히기만 했으나 티코는 형편없이 찌그러졌다. 티코 아줌마가 화가 나서 소리쳤다.

"당신이 잘못한 거니까 당장 내 차 값 물어내!"

벤츠 아저씨가 찌그러진 티코를 보면서 말했다.

"아줌마, 뒤에 있는 배기통에 입을 대고 후 하고 불어 봐. 그러면 찌그러진 게 쫙 펴질 테니까."

그렇게 말하고는 벤츠를 타고 가버렸다. 열 받은 티코 아줌마는 바닥에 주저앉아 젖 먹던 힘을 다해 불었지만 소용없었다.

그때 뒤에서 달려오던 다른 티코 한 대가 옆에 섰다. 그리고 들리는 목소리.

"아줌마, 창문 열렸어요! 창문 닫고 불어야 해요."

◉개미와 코끼리 부부

개미와 코끼리가 사랑에 빠졌다. 이들은 주위의 반대를 무릅쓰고 결혼을 했다. 결혼 일주일 뒤, 코끼리가 사고로 죽어 버렸다. 너무나 서럽게 우는 개미를 가족들이 위로했다.

"그만 울어. 곧 괜찮아질 거야."

"뭐가 괜찮아! 이걸 언제 다 묻어!"

◉무인도의 세 남자

무인도에 세 남자가 떨어졌다. 그때 하나님이 각자 한 가지씩 다른 소원을 말해 보라고 했다.

첫 번째 남자는 자기 집으로 보내 달라고 했다. 그 남자는 집으로 가게 되었다.

두 번째 남자는 애인이 있는 곳으로 보내 달라고 했다. 그 남자는 애인이 있는 곳으로 가게 되었다.

세 번째 남자는 딱히 들어 달라고 할 소원이 없었다. 그래서 이렇게 말했다.

"심심한데 그냥 그 두 사람을 다시 보내 주세요."

◉ 부산 할머니

어느 버스 정류장에 외국인 한 명과 부산 할머니가 버스를 기다리고 있었다. 그리고 마침내 버스가 왔다.

부산할머니: 왔데이!

외국인: ("What day?"라고 하는 줄 알고) Monday!

부산할머니: ("뭔데?"라고 하는 줄 알고) 버스데이!

외국인: ("Birthday"라고 하는 줄 알고) Happy birthday!

◉ 자동차 바퀴

가족이 차를 타고 가다가 꼬마가 아빠에게 물었다.

"아빠, 자동차 바퀴는 어떻게 굴러가는 거야?"

그러자 아빠는 아는 대로 열심히 설명했다. 연료가 연소되면서 발생하는 열에너지를 가하면 동력에너지로 바뀌고…….

고개를 갸웃하며 듣던 아이가 다시 엄마에게 물었다.

"엄마, 자동차 바퀴는 어떻게 굴러가는 거야?"
엄마는 한마디로 끝냈다.
"빙글빙글."

◉ 통장 도장

할머니가 통장과 도장이 찍힌 청구서를 은행원에게 내밀며 돈을 찾으려고 했다. 은행원이 말했다.
"청구서 도장과 통장 도장이 다릅니다. 통장 도장을 갖고 와야 합니다."
할머니는 급하게 오느라 실수했다며 통장을 은행원에게 맡기고 금방 온다고 하면서 나갔다. 그런데 아무리 기다려도 오지 않던 할머니가 은행 문을 닫을 때 쯤 헐레벌떡 들어오더니 애원하듯이 말했다.
"아가씨, 미안한데 반장 도장으로는 안 될까? 아무래도 통장이 어디 갔는지 찾을 수가 없어서."

◉ 민폐

호텔 객실에서 파티를 하고 있는데 호텔 종업원이 찾아왔다.

종업원: 여러분, 죄송합니다. 옆방 손님께서 도저히 책을 읽을 수 없다고 하셔서요.

손님: 책을 읽을 수 없다니, 부끄러운 줄 알라고 하쇼. 나는 일곱 살 때부터 책을 읽었는데…….

◉ 사팔뜨기

학교에 다녀온 아들 게가 울면서 엄마 게에게 하소연했다.

"엉엉! 엄마, 애들이 나보고 사팔뜨기래."

"누가 그러든? 아니야, 거짓말이야. 걱정 마라."

"정말이지, 엄마?"

"그럼! 야, 근데 너 지금 엄마가 말하는데 어딜 보는 거니?"

◉ 맹장수술

수술복을 입은 환자가 병원에서 도망치다가 정문에서 수위와 마주쳤다.

"무슨 일이죠?"

환자가 가쁜 숨을 몰아쉬며 말했다.

"아, 글쎄. 간호사가 맹장수술은 간단하니까 겁내지 말라는 거예요."

"그럼요, 겁내지 마세요."

"어떻게 겁을 안 내요? 간호사가 의사 보고 그러던데."

◉ 임신한 아줌마

여자 아이가 임신한 옆집 아줌마를 만났다.

여자 아이가 물었다.

"아줌마, 왜 배가 불렀어요?"

아줌마가 대답했다.

"응, 이 안에는 예쁜 우리 아가가 들어있어서 그렇단다."

그러자 여자 아기가 말했다.

"그런데 어쩌다 애를 다 먹었데요?"

 **twitter tip**

트위터 할 때 이거 모르면 왕따?

트윗Tweet: 140자 이내의 단문 메시지를 작성하여 트위터에 올리는 것

타임라인Timeline: 내가 팔로잉하는 사람들이 작성하는 메시지가 최근 등록 순으로 나열되는 것

팔로잉Following: 내가 상대방을 친구로 추가하는 것

팔로워Followers: 상대방이 나를 친구로 추가하는 것

리트윗Retweet 또는 **알티**RT: 특정인의 글이나 나의 글을 팔로워들에게 전달하는 것

멘션Mention: 내가 보낸 트윗(쪽지)에 대해서 다른 사람들이 댓글을 다는 것

다이렉트 메시지DM, Direct Message: 1:1 개인 간 메시지. 단, 서로 팔로우 상태여야 한다.

블록block: 트위터에서 특정인이 내가 올린 트윗들을 볼 수 없도록 차단하는 것

맞팔: 서로 팔로잉하는 것

언팔: 서로 친구 목록에서 삭제하는 것

당: 동호회, 모임이라는 의미. 예를 들면 솔로당은 솔로들이 모인 모임을 말한다.

트위터리안: 트위터를 즐기는 사람들

트위플tweetple 또는 **트워슨**twerson : 트위터를 사용하는 사람

트위텁tweetup = tweeter + meetup : 트위터 만남이 오프라인으로 이어지는 것

트위필리아tweetphilia : 트위터에 집착을 보이는 증상

트위토스피어twitosphere : 트위터 이용자들의 사이버 공동체

Chapter 2
상사를 웃기는 것도 고과다

상사의 표정이 엄숙할 때,
주위를 맴돌며 손바닥을 비비는 것보다
웃음 핵폭탄 하나만 날리면 만사 해결이다.
상사의 스트레스를 날려 줄 웃음 폭탄을 던져라.
고과에 반영될 것이다.

풍자 유머:
촌철살인으로 세상을 비틀다

◉ 묘비에 새길 유언

어떤 정치인이 사망했다. 그는 죽기 전에 이런 말을 했다.

"내가 죽거들랑 내 묘비에 이렇게 써줘."

'오직 민주화투쟁을 위해 헌신했으며, 법을 통해 약자의 편에 서서 봉사하려고 노력하였고, 청문회를 통해 재벌들의 비리를 파헤치려 했고, 남들이 몰라줘도 소신을 밀고 나갔으며, 순간의 인기를 얻으려고 하지 않고 먼 장래를 내다보고 일했으며, 그로 인해 인기는 바닥이었지만 숭고한 뜻을 후세에서는 알아줄 것이라고 생각했고, 또 열심히 끝까지 노력하다가 여기 잠들다.'

묘비에 새기기엔 너무 긴 글이어서 석공은 그의 묘비에 이렇게 적었다.

'마침내 입을 다물다.'

◉강도를 만난 국회의원

국회의원이 골목을 가다가 강도를 만났다.

강도: 가진 돈 다 내놔!

의원: 너 내가 누군지나 알아?

강도: 몰라, 짜샤!

의원: 나 국회의원이야!

강도: 그래? 그럼 내 돈 내놔! 이 도둑놈아!

◉ 납치범

고속도로가 꽉 막혀 옴짝달싹 못하고 있는데 큰 깡통을 든 청년 몇 명이 차 창문을 두드리며 돌아다니고 있었다.

"무슨 일이 일어난 겁니까?"

"지금 앞쪽에서 테러리스트가 정치인 네 명을 납치해서 10억 원을 안 내놓으면 네 명에게 휘발유를 끼얹겠다고 협박하고 있습니다. 그래서 지금 다니면서 조금씩 모으고 있습니다."

"그럼 얼마씩 내면 됩니까? 5만 원이면 될까요?"

"아닙니다. 돈이 아니고 휘발유 1리터씩만 보태십시오."

◉ 국회의원과 코털의 공통점

뽑을 때 잘 뽑아야 한다.

잘못 뽑으면 후유증이 오래 간다.

지저분하다.

좁은 공간에 많이 뭉쳐 있다.

안에 짱 박혀 있는 것이 안전하다.

더러운 것을 파다 보면 따라 나올 때도 있다.

한 놈을 잡아 뽑을 때 여러 놈이 딸려서 나오기도 한다.

◉ 소년의 깊은 뜻

평소에 대통령을 미워하고 목사를 존경하던 소년이 있었다. 그런데 그 소년이 몹쓸 전염병에 걸려 죽게 되자 아버지는 눈물을 흘리며 아들에게 말했다.

"아들아, 너를 위해 기도해 줄 분을 모셔야겠는데 누굴 부를까?"

"대통령을 모셔와 주세요."

"아니? 네가 존경하는 목사님은?"

그러자 소년이 말했다.

"목사님에게 전염병을 옮길 수는 없잖아요?"

◉ 이공계

요즘 이과쪽 최우수 학생들이 죄다 의대로 몰리고 이공계는 기피한다고 한다. 모두들 이공계를 걱정하고 있는데 한 사람이 자신에게 이공계를 다시 살릴 방법이 하나 있다고 말했다.

그의 해결책은 이랬다.

"이공계를 이공계라 부르지 말고 범위를 더 넓혀서 의학계열을 포함시켜 '의공계'라고 부르자. 그러면 우수한 학생들이 모두 '의공계'로 갈 것이 아닌가?"

◎ 지옥 문지기의 항변

지옥과 천국 울타리를 사이에 두고 문지기가 싸웠다.

천국 문지기: 자꾸 이쪽 땅 침범하지 마. 울타리는 지옥 예산으로 수리해!

지옥 문지기: 그걸 말이라고 하냐? 아쉬우면 네가 고치든지.

천국 문지기: 정 그러면 소송한다. 손해배상도 청구할 거라고!

지옥 문지기: 마음대로 해! 근데 너, 그건 알지? 우리 쪽에 유능한 변호사 다 모여 있는 거.

◎ 남녀 우정의 차이

어느 날 아내가 귀가하지 않았다. 다음 날 그녀는 남편에게 친구 집에서 자고 왔다고 말했다. 남자는 아내의 가장 친한 친구 10명에게 전화를 걸었다. 그들 중 아무도 그 사실에 대해 알고 있는 사람이 없었다.

어느 날 남편이 귀가하지 않았다. 다음 날 그는 아내에게 친구네 집에서 자고 왔다고 말했다. 아내는 남편의 가장 친한 친구 10명에게 전화를 걸었다. 그들 중 8명이 그가 자기 집에서 자고 갔다고 말했다. 그리고 나머지 두 명은, 그가 아직 자기 집에 있다고 말했다.

 트위터 유머

◉ 교통사고가 나면

일본: 보험회사 직원이 제일 빨리 달려와서 보험 약관과 보험 지불 내용을 알려 준다.

미국: 교통경찰이 제일 빨리 달려와 사고 경위와 처리 결과를 알려 준다.

한국: 레커차가 온 동네방네 시끄럽게 하면서 달려온다.

◉ 교통 체증이 생기면

일본: 신호기 기술자가 제일 먼저 달려온다. 그리고 유효적절하게 신호체계를 작동시킨다.

미국: 교통경찰이 제일 먼저 달려와 수신호로 교통을 통제한다.

한국: '호두과자 1,000원, 뻥튀기 2,000원, 옥수수 3,000원'이라는 팻말을 목에 건 사람이 제일 먼저 달려온다.

◉ 한국인의 특성

한 여론 조사원이 영국인, 미국인, 일본인, 독일인, 한국인에게 차례대로 물었다.

"당신 나라는 어떤 정신을 강조하나요?"

영국인: 신사도요.

일본인: 친절이요.

미국인: 개척정신이요.

독일인: 근면이요.

순서대로 답을 하려던 한국인이 외쳤다.

"아 좀, 빨리빨리 묻고 대답 좀 빨리빨리 합시다, 거."

◉여가 활용

서양인은 여가의 절반을 관광하는 데 쓰고 나머지 절반은 독서하는 데 쓴다.

한국인은 여가의 절반을 술 마시는 데 쓰고, 나머지 절반은 술 깨는 데 쓴다.

◉넥타이 고르는 방법

프랑스인: 이거 최신 유행하는 것입니까?

독일인: 이거 얼마나 오래 맬 수 있습니까?

미국인: 이거 세계에서 제일 좋은 겁니까?

영국인: 이거 신사들이 매는 겁니까?

트위터 유머

사우디인: 이거 알라신이 허용한 겁니까?
중국인: 이거 팔면 이익이 얼마 납니까?
일본인: 이거 얼마나 깎아 줄 수 있습니까?
한국인: 이거 진짜입니까? 가짜입니까?

◉시어머니 납치범

어느 인질범이 할머니를 납치해서 인질로 잡아 놓고 며느리에게 전화를 했다.

"당신 시어머니를 내가 데리고 있다. 천만 원을 가져오면 풀어 주겠다."

그랬더니 며느리가 말했다.

"어림없는 소리, 네 맘대로 해."

인질범이 다시 말했다.

"좋다. 그럼 네 시어머니를 도로 데려다 놓겠다."

그러자 당황한 며느리가 다급한 목소리로 말했다.

"여보세요. 은행 계좌 번호가 어떻게 되죠? 돈 받고 그냥 데리고 있으세요."

◉ 국회의사당 앞에서

국회의원들이 한자리에 모여 정기국회를 여는 날, 한 노인이 국회의사당 정문 앞에 자전거를 세워 놓으려 하자 경비가 나와 말했다.

"영감님, 여기에 자전거를 세우시면 안 됩니다."

"아니, 왜 안 된다는 겨?"

"오늘은 의원님들이 모처럼 만에 나오시는 날이란 말이에요."

그러자 노인이 경비의 어깨를 두드리며 말했다.

"걱정하덜 말어. 이 자전거는 자물쇠가 튼튼헝께."

◉ 경제를 살려라

대통령과 주요 각료 인사들이 회의에 참석하러 가는데 대형 교통사고가 발생했다. 이들이 긴급히 병원으로 후송되었다. 기자들이 이 소식을 듣고 달려와서 의사에게 물었다.

"대통령을 구할 수 있습니까?"

"아니오."

"국무총리는요?"

"글쎄요."

"그럼, 누구를 구할 수 있습니까?"

"경제요."

 트위터 유머

◉사람은 못 먹습니다

사료 제조회사에서 유기농 원료를 사용한 신제품 고급 개 사료에 대한 제품 설명회를 했다. 직원이 설명을 마치자 참석자가 물었다.

참석자: 사람이 먹어도 됩니까?

직원: 못 먹습니다.

참석자: 유기농 청정원료로 영양가 높고 위생적으로 제조된 개 사료를 왜 먹지 못한단 말입니까?

직원: 비싸서 못 먹습니다.

◉최악의 인생

최악의 인생은? 북한 월급 받고, 한국처럼 일하고, 영국 음식을 먹으며, 일본 집에 살고, 한국 남자를 남편으로 얻는 인생.

최고의 인생은? 미국 연봉에, 독일처럼 일하고, 프랑스 요리를 먹고, 영국 집에 살며, 일본 여자를 아내로 얻은 인생.

◉명품가방의 짝퉁 구분법

우산이 없는데 갑자기 비가 쏟아질 때 머리에 가방을 올리고 걸어가면 짝퉁, 품에 안고 달리면 진품.

◉ 수영

바닷가에 놀러 온 한 꼬마가 엄마에게 물었다.

꼬마: 엄마, 바다에서 수영해도 돼요?

엄마: 안 돼, 물이 너무 깊어서 수영하면 위험해!

꼬마: 근데, 아빠는 저기서 수영하고 있잖아요?

엄마: 아빠는 보험을 들었잖니.

◉ 뇌물

성공한 기업인이 정치인에게 새 승용차를 선물하려 했다. 그러자 이 정치인은 "승용차는 뇌물이니 받아서는 안 됩니다"라고 사양했다. 기업인은 그렇다면 돈을 내고 사면 될 게 아니냐면서 10만 원을 내라고 했다. 그러자 정치인이 대답했다.

"그렇다면 두 대를 삽시다!"

◉ 나이 차이 극복 방법

70세 갑부가 20세 처녀와 결혼식을 올렸다. 식장에 온 친구가 신랑을 부러워하며 물었다.

"자네 재주도 좋군. 아무리 갑부라지만 스무 살짜리 처녀하고

결혼하다니 말이야. 도대체 그 비결이 뭔가?"

그러자 신랑이 귓속말로 대답했다.

"난 저 애에게 아흔 살이라고 거짓말을 했다네. 그랬더니 일이 수월하게 풀리더라고."

◉보청기

한 노인이 몇 년간 귀가 안 들려 고생하다가 의사를 찾았다. 의사는 귓속에 쏙 들어가는 신형 보청기를 주며 사용해 보고 한 달 후 다시 찾아오라고 했다. 한 달이 지나고 노인이 의사를 찾아왔다.

"어떠세요?"

"아주 잘 들립니다."

"축하합니다. 가족 분들도 좋아하시죠?"

"우리 자식들에겐 아직 말 안 했지요. 여기저기 왔다 갔다 하며 안 들리는 척하고 그냥 대화 내용을 듣고 있어요. 그동안 유언장을 세 번 고쳤다오."

◉가장 비싼 이유

아내가 교통사고를 당해 뇌에 손상을 입었다. 당장 이식을 하지 않으면 생명이 위험했다. 의사는 환자 남편에게 말했다.
"대학교수의 뇌가 있습니다. 그런데 천만 원입니다."
"그게 제일 비싼 건가요?"
"아뇨, 제일 비싼 뇌는 정치가의 뇌입니다."
"비싼 이유가 뭡니까?"
"거의 사용하지 않은 것이라 새것이나 마찬가지입니다."

◉ 기발한 아이디어

어느 집주인은 매일같이 자신의 집 담벼락에 자전거들이 세워져 있자, 자전거를 세워 놓지 말라는 경고문을 붙였다. 하지만 별 소용이 없었다. 궁리 끝에 집주인은 기발한 글을 써 붙였다. 그 후로 담벼락에 자전거는 모두 자취를 감추었다.
'여기 세워진 자전거는 모두 공짜입니다. 마음대로 가져가세요.'

◉ 염라대왕의 명판결

염라대왕이 업무를 보고 있는데 바깥이 소란했다. 방금 잡혀 온 한 남자와 저승사자가 실랑이를 벌이고 있었던 것이다.
염라대왕: 왜 이리 시끄러운고?

저승사자: 이놈이 지은 죄가 많아서 지옥에 보내려고 하는데 자기도 착한 일 한 가지를 했으니 천당에 가야 한다고 우기지 뭡니까?

염라대왕: 그래, 네가 어떤 착한 일을 했느냐?

남자: 그게 말이죠, 제가 길을 가다 500원을 주웠거든요. 그래서 제가 그 500원을 거지에게 줬습니다.

염라대왕은 시큰둥해하며 말했다.

염라대왕: 야, 쟤 500원 주고 지옥 보내!

◎ 내 아들은?

잘난 아들은 국가의 아들.

돈 잘 버는 아들은 사돈의 아들.

빚진 아들은 내 아들.

◎ 아들과 딸

- 아들은 사춘기가 되면 남남, 군대에 가면 손님, 장가가면 사돈.
- 아들은 아기 때는 1촌, 대학 가면 4촌, 군대 다녀오면 8촌, 장가가면 사돈의 8촌, 애를 낳으면 동포, 이민 가면 해외 동포.
- 딸 둘에 아들 하나면 금메달, 딸만 둘이면 은메달, 딸 하나 아

들 하나면 동메달, 아들 둘이면 목메달.
- 장가간 아들은 '희미한 옛 사랑의 그림자', 며느리는 '가까이 하기엔 너무 먼 당신', 딸은 '아직도 그대는 내 사랑.'
- 자녀들을 모두 출가시키고 나면 아들은 큰 도둑, 며느리는 좀도둑, 딸은 예쁜 도둑.

트위터 유머

누가 만들었어? 트위터 속담 1

백문이불여트윗

'백문이불여일견'의 패러디. 여기저기서 트위터에 대해 많이 듣지만 본인이 직접 트위터를 해보지 않고는 모른다는 뜻.

낮 트윗은 인사팀이 보고 밤 트윗은 아내가 본다

'낮말은 새가 듣고 밤말은 쥐가 듣는다'의 패러디. 많은 사람들에게 공개되는 트위터의 특성상 회사 불만 이야기는 인사팀이 보고, 사적인 비밀 이야기는 아내가 볼 수 있으니 주의할 것!

얌전한 트위터리안 천팔 먼저 달성한다

'얌전한 고양이 부뚜막에 먼저 올라간다'의 패러디. 겉으로는 조용해 보이는 트위터리안이 의외로 엄청난 팔로워를 거느리기도 한다는 뜻.

발 없는 트윗 천리 간다

'발 없는 말이 천리 간다'의 패러디. 트윗한 글은 순식간에 퍼진다는 뜻.

오프에서 뺨 맞고 트위터 와서 화풀이한다

'종로에서 뺨 맞고 한강에서 눈 흘긴다'의 패러디. 오프라인 상에서 속상한 일을 트위터에 올려 화풀이한다는 뜻.

블록 당하고 팔로잉 한다

'소 잃고 외양간 고친다'의 패러디. 블록을 당한 뒤에는 팔로잉 해도 그 사람의 트윗을 볼 수 없다는 뜻.

팔로워가 많으면 타임라인이 산으로 간다

'사공이 많으면 배가 산으로 간다'의 패러디. 팔로워가 많은 트위터의 타임라인에는 팔로워들이 제각각의 글을 올려서 결국 주제가 삼천포로 빠져 버린다는 뜻.

트위터 유머

유명인 유머: 아무나 성공하나? 스펙보다 유머력

◎ 드골 대통령의 유머

드골 대통령과 정치 성향이 다른 의원이 말했다.

"각하, 제 친구들은 각하의 정책을 매우 마음에 들어 하지 않습니다."

그러자 드골이 말했다.

"아, 그래요? 그럼 친구를 바꿔 보세요."

◎ 헬무트 총리의 유머

독일의 통일을 이룬 헬무트 콜 총리는 정원을 청소하다가 수류탄 세 개를 주웠다. 아내와 함께 그 수류탄을 경찰서로 가져가는데 아내가 걱정스럽게 말했다.

"여보, 가는 도중에 수류탄 하나가 터지면 어떡하죠?"

그러자 콜 총리가 잠시 후에 말했다.

"걱정하지 마. 경찰에게 두 개를 주웠다고 말하면 되니까."

◉아인슈타인의 유머

기차 여행 중이던 아인슈타인이 자신의 기차표가 없어졌다는 사실을 알았다. 그때 기차의 차장이 승객들의 승차권을 검사하고 있었다. 표를 검사하던 차장이 아인슈타인 앞에서 말했다.

"선생님이 누구인지 잘 압니다. 틀림없이 표를 사셨을 겁니다. 걱정 마세요."

아인슈타인은 고개를 끄떡이며 고맙다는 표시를 했다. 그러나 이 위대한 물리학자는 바닥에 엎드려 좌석 아래를 살피기 시작했다. 차장은 "박사님, 걱정하실 것 없다니까요. 전 선생님이 누구신지 알고 있습니다"라고 거듭 말했다.

그러자 아인슈타인이 말했다.

"내가 누군지는 나도 알아요. 그런데 내가 어디로 가는 길이었는지 모르겠단 말이오."

트위터 유머

◎카네기의 유머

카네기가 어렸을 때의 이야기다. 그가 어머니 손을 붙잡고 과일가게에 갔다. 가만히 서서 뚫어져라 딸기를 쳐다보자 주인 할아버지가 한 움큼 집어 먹어도 된다고 했다. 카네기는 계속 쳐다만 보았다. 그러자 할아버지가 자기 손으로 딸기를 한 움큼 덥석 집어서 주었다. 나중에 어머니가 조용히 물었다.

"애야, 할아버지가 집어 먹으라고 할 때 왜 안 집어 먹었니?"

"엄마, 내 손은 작고 할아버지 손은 크잖아요."

◎고흐의 유머

어떤 사람이 고흐에게 물었다.

"돈이 없어서 모델 구하기가 힘드시다고요?"

"하나 구했어."

"누구요?"

"나, 요즘 자화상 그려."

◎모파상의 유머

모파상은 파리의 경관을 망친다는 이유로 에펠탑 세우는 것을 반대했다. 그런 모파상이 매일 에펠탑에서 식사를 하는 것이 아닌가. 사람들은 모파상에게 에펠탑이 싫다면서 왜 여기서 식사를 하냐고 물었다. 모파상이 대답했다.

"파리 시내에서 에펠탑이 안 보이는 유일한 곳이 여기니까요."

◉프랑코의 유머

내한 공연까지 한 하반신 장애인 지휘자 프랑코에게 기자가 물었다.

"불편한 몸으로 어떻게 지휘봉을 잡으시나요?"
"나만의 노하우가 있죠."
"어떤 노하우인가요?"
"바로, 오른손으로 잡습니다."

◉이안 플레밍의 유머

007 제임스 본드의 원작자 이안 플레밍이 점심 때 개최된 한 행사에 참석해 연설을 하기로 되어 있었다. 그의 순서는 어느 정부 관리의 연설 다음이었다. 그런데 그 관리의 연설이 너무 장황했다. 드디어 정부 관리의 연설이 끝나자 이안 플레밍이 일어서더니

자신의 시계를 쳐다보고는 이렇게 인사했다.

"굿 이브닝."

◉로버트 프로스트의 유머

〈가지 않은 길〉이라는 유명한 시를 지은 로버트 프로스트는 어느 파티에서 그와 함께 초대받은 손님들과 함께 베란다에서 일몰을 보고 있었다. 젊은 여성이 감탄하며 프로스트에게 말했다.

"일몰이 정말 멋지지 않나요?"

프로스트가 대답했다.

"미안합니다. 전 저녁 먹은 후에는 비즈니스 얘기 안 해요."

◉세배지의 유머

헝가리 출신의 젊은 미술가 세배지에게 한 정치인이 초상화를 그려 달라고 했다. 초상화를 본 정치인은 자신과 닮지 않았다며 약속한 500달러를 지불하지 않았다. 세배지가 말했다.

"그림이 선생님과 닮지 않았다는 것에 서명해 주시겠습니까?"

얼마 후 미술관을 찾은 정치인은 기절할 뻔했다. 바로 그 초상화의 제목은 이랬다.

〈어느 도둑놈의 초상〉

정치인은 그 그림을 원래 가격의 열 배를 주고 살 수 밖에 없었다.

◉브람스의 유머

브람스가 파티에서 배짱 좋은 부인들에게 둘러싸였다. (그는 독신이었다.) 대화 도중 브람스는 대답이 궁색해지자 시가에 불을 붙였다. (시가는 연기가 많고 독하다.) 그러자 그와 부인들은 금세 담배 연기에 휩싸였다. 그때 한 부인이 브람스에게 따졌다.

"여보세요, 선생님! 숙녀들 앞에서 이렇게 담배를 피우시면 어떡해요?"

브람스가 대답했다.

"아니, 천사들이 있는데 구름이 없어서야 말이 되겠습니까?"

◉막스 레거의 유머

독일 함부르크 연주회에서 막스 레거는 슈베르트의 현악 5중주곡 〈숭어〉를 연주하였다. 그리고 그 다음 날 다섯 마리의 숭어를 선물로 받았다. 레거는 즉시 감사의 편지를 보냈다.

"부인, 어제 〈숭어〉 연주가 매우 마음에 들었다는 뜻으로 보내

주신 숭어 정말 감사드립니다. 다음에는 하이든의 '황소 미뉴에트'를 연주할 계획입니다. 착오 없으시기 바랍니다. 그럼 안녕히 계십시오."

◉ 보로딘의 유머

러시아의 국민악파인 알렉산드르 보로딘은 음악가이면서 유기화학 교수이자 러시아 육군 장교였다. 그래서 일에 늘 쫓겨 다녔는데, 건망증이 심해서 애를 먹었다. 어느 날 그는 파티가 채 끝나기도 전에 외투와 모자를 집어 들었다. 그러자 한 친구가 놀라서 물었다.

"어디에 가려고 그러나, 알렉산드르?"

그러자 알렉산드르는 다급히 대답했다.

"응, 집에 가려고 그래. 우리 집은 너무 머니까."

손님들은 어이가 없었다. 보로딘 자신의 집에서 열린 파티였기 때문이었다.

◉ 모차르트의 유머

모차르트가 어느 날 음악 애호가의 집을 방문하였다. 그 집의

열두 살 난 아들은 피아노 신동이라고 불렸다. 그 소년은 모차르트를 보자 얼른 질문을 하였다.

"저는 작곡을 하고 싶습니다. 무엇부터 시작해야 하는지 가르쳐 주십시오."

그러자 신동이라는 말을 싫어했던 모차르트가 이야기했다.

"너는 너무 어리다. 난 그 말밖에 해줄 수 없다."

그러자 소년은 매우 불만스럽게 말했다.

"하지만 선생님께서는 더 어려서부터 작곡을 하시지 않았습니까?"

모차르트가 말했다.

"하지만 나는 어떻게 해야 좋을지 아무에게도 묻지 않았다."

◉파가니니의 유머

'바이올린의 신'이라는 별명으로 유명한 니콜로 파가니니는 매우 인색한 사람이었다. 그 당시 인기 절정에 있던 한 여가수가 그와 결혼하고 싶어 무척 애를 태우고 있었다. 누군가가 그 이야기를 파가니니에게 슬쩍 귀띔해 주었다. 파가니니는 펄쩍 뛰었다.

"절대로 안 돼! 결혼이라니. 공짜로 내 바이올린 연주를 들으려고? 얌체 같으니라고."

◉ 링컨의 유머 1

미국 대통령 링컨은 원숭이를 닮은 듯한 외모 때문에 못생겼다는 지적을 자주 받았다. 중요한 유세에서 상대 후보자가 링컨에게 "당신은 두 얼굴을 가진 이중인격자야!"라고 하자 링컨은 "내가 정말 두 얼굴을 가졌다면 이 중요한 자리에 왜 하필 못생긴 얼굴을 가지고 나왔겠습니까?"라고 했다. 링컨은 그 유머 덕분에 그곳에 있던 모든 사람을 자기 편으로 만들 수 있었다.

◉ 링컨의 유머 2

청년 시절 링컨이 급하게 시내에 나갈 일이 생겼는데, 그에게는 마차가 없었다. 마침 그때 마차를 타고 시내에 가던 노신사를 만나게 되었다.

"어르신, 죄송합니다만 제 외투를 시내까지 갖다 주실 수 있겠습니까?"

"외투를 갖다 주는 거야 어렵지 않지만 어떻게 시내에서 당신을 다시 만나 외투를 전해 줄 수 있겠소?"

"그거야 염려하실 것 없습니다. 제가 항상 그 외투 안에 있을 테니까요."

◉ 링컨의 유머 3

링컨과 그의 부인 메리는 성격 차이로 종종 갈등이 있었다. 링컨은 성격이 조용하고 신중한 반면 메리는 약간 충동적이고 성급하며 신경질이 많은 편이었다.

링컨이 변호사로 일하던 시절, 아내 메리가 평소대로 생선 가게 주인에게 신경질을 부리면서 짜증스럽게 말했다. 그러자 생선 가게 주인은 불쾌한 표정을 지으며 남편인 링컨에게 항의를 했다. 그러자 링컨은 가게 주인의 어깨에 손을 얹고 웃으며 이렇게 조용히 부탁했다.

"나는 15년 동안 참고 지금까지 살아왔습니다. 주인 양반께서는 15분 동안이니, 그냥 좀 참아 주십시오."

◉ 링컨의 유머 4

하루는 링컨의 어린 두 아들이 싸움을 했다. 그 소리가 어찌나 컸던지 이웃집 아주머니가 무슨 큰일이라도 벌어진 줄 알고 달려와서 물었다.

"아니, 집안에 무슨 일이라도 생겼습니까?"

그러자 링컨은 너털웃음을 터뜨리며 이렇게 대답했다.

"걱정하실 필요 없습니다. 인류의 보편적인 문제가 발생했을

뿐입니다."

"도대체 무슨 일인데요?"

"네, 제가 도넛 세 개를 사왔는데, 두 아들 녀석이 서로 자기가 두 개를 먹겠다고 야단이지 뭡니까. 그래서 일어난 싸움입니다. 제가 하나를 먹어 치우면 문제는 간단하니까 아무 걱정하실 필요 없습니다."

◉레이건의 유머 1

1981년 3월, 레이건이 저격을 받아 중상을 입었을 때의 일이다. 간호사들이 지혈하기 위해 레이건의 몸을 만졌다. 레이건은 아픈 와중에도 간호사들에게 이렇게 농담을 했다.

"우리 낸시에게 허락을 받았나?"

얼마 후, 부인 낸시 여사가 나타나자 이렇게 말해서 그녀를 웃겼다.

"여보, 미안하오. 총알이 날아왔을 때 영화에서처럼 납작 엎드리는 걸 깜빡 잊었어."

◉레이건의 유머 2

재선에 나선 레이건 전 대통령이 민주당의 젊은 후보 먼데일에게 나이가 많은 것에 대해 공격을 받았다.

먼데일: 레이건 대통령, 본인의 나이에 관해 어떻게 생각합니까?

레이건: 나는 이번 선거에서 나이를 문제 삼지 않기로 했습니다.

먼데일: 그게 무슨 말이죠?

레이건: 당신이 젊고, 경험이 부족하다는 사실을 정치적 목적으로 이용하지 않겠다는 뜻입니다.

◉레이건의 유머 3

레이건 대통령은 백악관으로 유명 피아니스트를 초청해 연주회를 열었다. 연주회가 끝난 뒤 무대로 올라가던 낸시 여사가 실수로 발을 헛디뎌 우스꽝스럽게 넘어지고 말았다. 당황한 나머지 얼굴이 빨개진 아내를 보고 레이건이 큰 소리로 말했다.

"여보, 분위기가 무지 썰렁해서 박수나 웃음이 필요할 때 넘어지기로 하지 않았소?"

그 순간 많은 사람이 큰 박수와 환호를 보냈다.

◉레이건의 유머 4

레이건이 캘리포니아 주지사 시절 멕시코를 방문하여 연설한

적이 있다. 연설을 마치고 자리에 앉자 청중은 시큰둥한 박수를 보낼 뿐이었다. 그는 조금 창피스러웠다.

다음 연사는 스페인어로 연설을 했는데 말끝마다 박수를 받았다. 레이건은 더욱 창피하여 그런 기미를 감추기 위하여 다른 사람보다 더 열심히 박수를 쳤다. 그러자 옆에 앉아 있던 미국 대사가 그를 보고 이렇게 말했다.

"주지사님, 저 같으면 박수를 치지 않겠습니다. 지금 저 사람은 지사님의 연설을 통역하고 있거든요."

◎쇼펜하우어의 유머

독일의 철학자 쇼펜하우어는 대식가로 알려져 있다. 어느 날 쇼펜하우어는 호텔 레스토랑에서 2인분의 식사를 혼자서 먹고 있었다. 그때 옆 테이블의 사람들이 그 광경을 보고 "혼자서 2인분의 밥을 먹다니……"라며 비웃었다.

왜냐하면 그 당시 상류 사회에서는 음식을 많이 먹는 사람을 업신여기는 풍조가 있었기 때문이다. 하지만 쇼펜하우어는 당황하지 않고 이렇게 말했다.

"전 늘 2인분의 밥을 먹습니다. 1인분만 먹고 1인분의 생각만 하는 것보다 2인분을 먹고 2인분의 생각을 하는 게 더 나으니까요."

◎클린턴의 유머

미국의 보수주의자인 밥 도너 의원이 클린턴 대통령을 공격했다.

"당신은 병역기피자에다 바람둥이야. 그리고 완전히 쓰레기야!"

그러자 클린턴은 언론을 통해 도너 의원의 공격에 여유 있게 화답했다.

"밥 도너 의원을 볼 때마다, 이 친구에게 광견병 치료제가 필요하다는 생각을 했습니다."

◉ 정주영 회장의 유머

고 정주영 현대그룹 회장이 전국경제인연합회 회장으로 있을 때, 눈에 안대를 하고 회의에 참석한 적이 있었다. 그 모습을 보고 누군가가 "회장님, 많이 불편하시겠습니다"라고 했다. 정 회장이 답했다.

"아니, 오히려 일목요연(一目瞭然)하게 보이는데!"

◉ 처칠의 유머 1

세계 역사에서 가장 많은 유머 사례를 남긴 처칠은 90세까지 장수했다. 말년에 한 젊은 기자가 그를 인터뷰하면서 말했다.

"내년에도 건강하게 다시 뵈었으면 좋겠습니다."

그러자 처칠 왈.

"내년에도 못 만날 이유가 뭐가 있는가. 자네는 아주 건강해 보이는데 내년까지는 충분히 살 것 같아. 걱정 말게나."

◉ 처칠의 유머 2

어느 신문기자가 윈스턴 처칠에게 장차 정치가가 되고 싶어 하는 젊은이들을 위해 훌륭한 정치가의 자질이 무엇인지 한마디 해달라고 부탁했다. 처칠이 대답했다.

"십 년 후에 무슨 일이 어떻게 일어날지 정확히 내다보고, 자신 있게 예언해 줄 수 있는 능력이 필요합니다."

기자들이 자신의 말을 다 받아 적은 것을 확인한 후 처칠은 한마디 덧붙였다.

"그리고 그 십 년 후 자기의 예언이 틀렸을 때 그 이유를 지극히 합리적으로 설명해 줄 수 있는 능력도 있어야 하지요."

◉처칠의 유머 3

의회에 참석했던 처칠이 급한 볼일로 화장실에 갔다. 마침 걸핏하면 사사건건 물고 늘어지는 노동당 당수가 먼저 와서 일을 보고 있었다. 처칠은 멀찌감치 떨어져서 일을 보았다. 노동당 당수가 "총리! 왜 날 피하시오?" 하고 묻자, 처칠이 대답했다.

"당신네들은 큰 것만 보면 무조건 국유화해야 한다고 하잖소?"

◉처칠의 유머 4

여든이 넘은 처칠이 어느 모임에 참석했을 때, 그의 바지 지퍼가 열려 있는 것을 보고 한 여인이 말했다.

"바지 지퍼가 열렸군요."

처칠은 당황하지 않고 말했다.

"걱정 마세요. 죽은 새는 결코 새장 밖으로 나올 수 없으니까요."

◉처칠의 유머 5

어느 날 처칠이 연설하러 가려고 택시를 탔다.

그때 택시 기사가 하는 말.

"죄송합니다, 손님. 다른 차를 이용해 주세요. 처칠이 연설하는 걸 들으러 가야 하거든요."

처칠은 기분이 좋아서 기사에게 1파운드를 주었다. 그러자 기사가 말했다.

"그냥 타세요. 처칠이고 개떡이고 돈부터 벌어야지요."

◉처칠의 유머 6

어느 날, 처칠의 늦잠이 도마에 올랐다.

"영국은 아침에 늦게 일어나는 게으른 정치인을 필요로 하지 않습니다."

정적(政敵)은 점잖게, 그러나 차갑게 꼬집었다. 하지만 그냥 물러설 처칠이 아니었다.

"글쎄요, 당신도 나처럼 예쁜 부인과 함께 산다면 아침에 일찍 일어나기가 힘들걸요."

⊙ 처칠의 유머 7

처칠 수상이 의회에서 회의를 하는 도중 어느 여성 의원과 심한 논쟁을 벌였다. 흥분한 여성 의원이 차를 마시는 처칠에게 "당신이 내 남편이었다면 틀림없이 그 찻잔에 독약을 넣었을 것입니다"라고 하자 처칠은 웃으면서 응수했다.

"당신이 만약 내 아내였다면, 나는 주저 없이 그 차를 마셨을 것이오."

⊙ 처칠의 유머 8

영국 수상 처칠은 그림 그리기를 좋아했다. 어느 날 그의 친구가 찾아와 처칠에게 물었다.

"자네는 왜 나무만 그리나?"

그러자 처칠이 대답했다.

"나무는 '이 그림은 나를 닮지 않았는데요!'라고 잔소리를 하지 않잖아."

◉ 마거릿 대처의 유머

딱딱하게만 보이던 '철의 여인' 대처가 600명의 지도자들이 모인 한 만찬장을 웃음바다로 만들었다.

"훼를 치며 우는 건 수탉일지 몰라도 알을 낳는 건 암탉입니다."

◉ 슈바이처의 유머

슈바이처 박사가 모금 운동을 위해 오랜만에 고향에 들렀다. 수많은 사람이 그를 마중하러 역에 나왔다. 그가 1등 칸이나 2등 칸에서 나오리라 생각했던 사람들의 예상과 달리 슈바이처 박사는 3등 칸에서 나타났다. 사람들이 왜 굳이 3등 칸을 타고 왔냐고 묻자 박사는 빙그레 웃으며 답했다.

"이 열차엔 4등 칸이 없더군요."

◉ 엘리자베스 여왕의 유머

독일군의 포격으로 버킹엄 궁이 무너지자 엘리자베스 여왕은 이렇게 말했다.

"국민 여러분, 안심하십시오. 독일의 포격 덕분에 그동안 왕실과 국민 사이를 가로막고 있던 벽이 사라져 버렸습니다."

◉ 피카소의 유머

2차대전 이후 피카소의 그림 값이 폭등했다. 한 부유한 부인이 그의 작업실을 방문해서 추상화를 보고 물었다.

"이 그림은 무엇을 표현하고 있습니까?"

피카소가 말했다.

"20만 달러를 표현하고 있습니다."

◉ 조지 부시의 유머

수년 전 미국의 조지 부시 대통령이 자신의 모교인 예일대 졸업식에서 한 연설이다.

"우등상, 최고상을 비롯하여 우수한 성적을 거둔 졸업생 여러분, 축하의 말씀을 드립니다. 그리고 C학점을 받은 학생 여러분께는 이렇게 말씀드리겠습니다. 여러분도 미합중국의 대통령이 될 수 있습니다."

트위터愛 푹~ 빠진 명사들!

@barackobama: 버락 오바마 — 44대 미국 대통령도 트위터를? 영어 공부 겸 시사 공부까지 일석이조의 효과.

@Oprah: 오프라 윈프리 — 토크쇼의 여왕 오프라 윈프리의 트위터 입담이 궁금하다면.

@billgates: 빌 게이츠 — IT 세계의 첨단을 달리는 빌 게이츠의 트위터는 과연?

@solarplant: 박용만 — 기업 회장(두산그룹)이란 사실이 믿겨지지 않는 유머 구사 능력.

@oisoo: 이외수 — 풍자와 해학, 유머와 진솔함까지 두루두루.

@keumkangkyung: 김제동 — 하나하나 전부 좋은 트윗들. 더불어 **@ybrocks**(윤도현 트위터)과 주고받는 트윗이 그리도 재미있다는 풍문.

@unheim: 진중권 — 그만의 진중한 유머와 뼈 있는 발언.

@teoinmbc: 김태호 — 무한도전이 그에겐 곧 일상.

@Yunaaaa: **김연아** ― 말이 필요 없는 피겨 여왕! 배경 보는 재미도 쏠쏠.

@kimmiwha: **김미화** ― 그녀만의 정직한 소리, 날카로운 140자.

@LUCKYHONGCHUL: **노홍철** ― 트윗에 그의 목소리가 녹음된 것만 같은 효과.

@kimjuha: **김주하** ― 대한민국 많은 젊은 여성들의 롤 모델. 그녀의 트위터가 궁금하다면.

@ezsun_net: **이지선** ―《지선아 사랑해》의 저자. 역경을 이겨 낸 그녀가 트위터로 들려주는 희망의 이야기.

@kecologist: **유영만** ― 자칭 '들이대학교 저질러학과 뒷수습전공'. 하지만 청년들의 영원한 멘토.

@chondoc: **박경철** ― 증권사 직원들에게 주식을 가르친다는 시골의사의 트위터는?

@jsjeong3: **정재승** ― 그의 트위터에서 140자 과학 콘서트를 즐기라!

@Hsokyong: **황석영** ― 한국 현대 문학의 거장인 그의 트위터에는 어떤 이야기가?

트위터 유머

언어유희 유머: 말놀이로 마음을 움직이라

◎ 직업별 웃음소리

어린이: 키득키득(kid kid kid)

인기가수: 싱긋싱긋(sing good sing good)

원로가수: 생긋생긋(sang good sang good)

화장실 청소부: 피식(pee shit)

남자 바람둥이: 허허허(her her her)

여자 바람둥이: 히히히(he he he)

요리사: 쿡쿡쿡(cook cook cook)

축구선수: 킥킥킥(kick kick kick)

살인마: 킬킬킬(kill kill kill)

수사반장: 후후후(who who who)

악마: 헬헬헬(hell hell hell)

색마: 걸걸걸(girl girl girl)

◉ 발음 실수

A6(에이식스) — 아식스

GIA(지아이에이) — 기아

Hi, Jane(안녕, 제인) — 하이, 자네

FAQ(자주 묻는 질문) — 퐈큐

HAITAI(해태) — 하이타이

Slazenger(슬레진저) — 쓰러진거

OB Rager(오비라거) — 오비레이저

NII(니) — 엔투

◉ 혀 짧은 바보

어느 날 바보가 사는 집에 강도가 들었다.

"꼼짝 마! 내가 낸 문제를 10초 안에 맞추면 살려 주지. 그렇지 않으면 죽일 테다. 삼국시대의 나라 이름들을 말해 봐라!"

바보는 답을 몰랐다.

10초가 다 지나고 강도가 칼을 들이대자, 바보가 말했다.

"배째실라고그려?"(백제, 신라, 고구려)

◉ 지못미?

남편의 안습 사진 아래 '지못미'라고 썼더니, 엄마가 보시고는 (약자인건 아시는 듯) 하시는 말씀.

"'지아비가 못나서 미치겠다'냐?"

◉ 왕비 시리즈

조선시대 가장 날씬했던 왕비는? 갈비

조선시대 가장 사치스러웠던 왕비는? 낭비

조선시대 가장 주변 사람들을 괴롭혔던 왕비는? 시비

국회의원들이 가장 좋아하는 왕비는? 세비

영화를 가장 좋아했던 왕비는? 무비

가장 길 잘 찾는 왕비는? 내비

◉ 화장실 사자성어

- 힘쓰기도 전에 와장창 쏟아 낸다면? 전의상실

- 한 시간 동안 용만 쓰다가 손톱 만한 거 달랑 나오면? 지리멸렬

- 분명히 떨궜는데 나중에 사라졌을 때? 오리무중

- 화장지는 없고 믿을 거라곤 손가락뿐일 때? 대략난감

- 그래서 오른쪽 왼쪽 칸에 있는 사람에게 화장지 빌려 달라고 두드려 댈 때? 좌충우돌

- 그중 한 놈이 우표딱지만큼이라도 빌려 주면? 감지덕지
- 들고 있던 화장지를 변기통에 빠뜨렸을 때 외치는 한마디? 오호통재
- 옆 칸에 앉은 사람도 변비로 고생하는 소리 들릴 때? 동병상련

- 어정쩡한 자세로 쭈그리고 앉은 모습? 어쭈구리
- 문고리는 고장 났고, 잡고 있자니 앉은 자리는 너무 멀고? 진퇴양난

- 다 싸고 돌아다니다가 한 시간 후 지갑 두고 나온 걸 알았을 때? 오마이갓
- 옆 칸 사람이 자기 혼자인 줄 알고 중얼거리다가, 노래하다가, 별짓 다한다? 점입가경
- 먼저 나간 놈이 물도 안 내리고 내뺐다? 책임전가
- 작은 거보다 큰 게 항상 먼저 나온다? 장유유서
- 더 나올 게 없을 때까지, 힘 닿는 데까지, 짜내고 또 짜낸다? 다짜고짜

- 옆 칸 사람 바지 올리다 흘린 동전이 내 칸으로 굴러왔다? 호박넝쿨
- 그거 주우려고 허리 숙이다가 지갑이 통째 빠져 부렀네? 소탐대실
- 그놈이 밖에서 기다리다 아까 굴러 들어간 동전 달란다? 치사빤스

◉ 놀부와 스님

놀부가 대청마루에서 낮잠을 자고 있었다.
이때 한 스님이 찾아와서 말했다.
"시주 받으러 왔소이다. 시주를 조금 해주세요."
놀부는 코웃음을 치며 빨리 자기 눈앞에서 사라지라고 말했다.
그러자 스님이 놀부 앞에서 눈을 감고 불경을 외웠다.
"가나바라…… 가나바라…… 가나바라……."
이 때 놀부가 그 소리를 듣고는 잠시 눈을 감고 무엇을 생각하더니, 염불을 따라했다.
"주나바라…… 주나바라…… 주나바라……."

◉ 특별한 주소

소주 주소: 소주(도) 독하(군) 마시(면) 뿅가(리)

개미 주소: 허리(도) 가늘(군) 만지(면) 부서지(리)

벌 주소: 꿀통(도) 무겁(군) 꽃없으(면) 죽으(리)

방아깨비 주소: 다리(도) 길(군) 잡으(면) 방아찍으(리)

짱구 주소: 웃기기(도) 잘하(군) 더웃기(면) 배꼽빠지(리)

세일러문 주소: 변신(도) 화려하(군) 싸움하(면) 더멋지(리)

코난 주소: 추리력(도) 좋(군) 형사하(면) 이름 날리(리)

돼지 주소: 먹이(도) 잘먹(군) 밥안주(면) 꿀꿀거리(리)

◉잘못된 영어 교육

아버지와 아들이 함께 '헤드라인 뉴스'를 보고 있었다.

아들이 물었다.

"아빠, 헤드가 뭐야?"

"응, 머리라는 뜻이야."

"그럼, 라인은 뭐지?"

"선!"

아들은 마지막으로 물었다.

"그럼 헤드라인은?"

아버지가 대답했다.

"가르마!"

◉남존여비와 여필종부의 새로운 해석

가로되 남존여비(男尊女費), 남자의 존재는 여자에게 비용을 대는 데 있고, 여필종부(女必綜夫), 여자는 필히 종부세를 내는 남자와 만나야 하느니라.

⊙ 조폭과 영어

어느 조폭이 거만한 모습으로 버스 정류장에서 담배를 피우고 있었다. 그때 조폭에게 외국인이 다가와서 물었다.

"Where is the post office?"(우체국이 어디죠?)

순간적으로 당황한 조폭이 한마디 툭 뱉고는 자리를 옮겼다. 그런데 외국인이 자꾸만 조폭을 따라오는 것이었다. 조폭이 뛰자 외국인도 따라 뛰었다. 조폭이 버스를 타자 외국인도 버스를 따라 탔다.

왜냐하면 조폭이 내뱉은 한마디가 이것이었다.

"아이 씨팔로미!"(I see, follow me.)

⊙ 도서관과 항문의 공통점 3가지

1. 학(항)문을 넓힌다.
2. 학(항)문에 힘을 쏟는다.
3. 학(항)문을 닦는다.

⊙ ○○○한 여자

올림픽 경기에서 양궁으로 금메달을 딴 여자? …… 활기찬 여자

변비로 심하게 고통받는 여자? …… 변심한 여자

울다가 웃는 여자? …… 아까운 여자

못 먹어도 고를 외치는 여자? …… 고고한 여자

다방에 가면 꼭 창 없는 구석에 앉는 여자? …… 창피한 여자

정말 끝내준 여자? …… 이혼한 여자

◎김정일이 서울에 못 오는 이유

북한의 김정일 위원장이 서울에 오려고 첩자를 보내 서울의 분위기를 알아보았다. 남한의 인민이 무장화되고 전 국토가 요새화되어 있어 서울에 가면 큰일 난다는 결론이었다.

첫째, 택시를 타보니 모두 총알택시라 총알로 무장되어 있고

둘째, 가는 곳마다 무슨 부대가 있는지 곳곳에 부대찌개 집이 널려 있고

셋째, 골목마다 대포집 또는 왕대포집이 있어서 무섭고

넷째, 사람마다 폭탄을 들고 있는지 폭탄주를 즐겨 마시고

다섯째, 모두 핵가족이라 핵으로 무장되어 있고,

여섯째, 초등학생도 칼국수를 즐겨 먹으니 칼도 도처에 있다.

◉ 성적 올리는 방법

채소가게 자식은? …… 쑥쑥 올린다.
점쟁이 자식은? …… 점점 올린다.
한의사 자식은? …… 한방에 올린다.
성형외과 의사 자식은? …… 몰라보게 올린다.
구두닦이 자식은? …… 반짝하고 올린다.
자동차 외판원 자식은? …… 차차 올린다.
할인점 사장 자식은? …… 파격적으로 올린다.
총알택시 기사 자식은? …… 따블로 올린다.

◉ 진료카드

한 환자가 병원에 갔다. 환자는 진료를 마치고 의사가 진료카드에 작은 글씨로 '추장암'이라고 적는 것을 보았다. 환자는 자기가 암에 걸렸다는 사실에 충격을 받으며 의사에게 물었다.
"선생님, 제가 어떤 병에 걸린 거죠?"
"걱정하실 것 없습니다. 집에서 충분한 휴식을 취하시면 금방 회복될 것입니다."
자신에게 거짓말을 하고 있다는 것을 눈치 챈 환자는 진지한 표정으로 다시 물었다.

트위터 유머

"선생님, 괜찮습니다. 사실대로 얘기해 주세요. 추장암에 걸리면 얼마나 살죠?"

난감한 표정을 지으며 의사가 이렇게 대답했다.

"추장암은 제 이름입니다."

◉자판기

조물주께서 착한 일을 많이 한 사람에게 자판기를 선물로 주었다. 오백 원짜리 주화를 넣고 버튼을 눌렀더니 똑같은 오백 원짜리 주화가 두 개 나왔다. 이번에는 끼고 있던 반지를 넣어 보았다. 역시 반지가 두 개 나왔다. 마침 그 앞을 지나가던 가수 이미자를 넣고 버튼을 눌렀다. 세상에, 사미자가 나왔다.

◉맞선

어떤 노처녀가 맞선을 보게 되었다. 그런데 맞선을 보기로 한 남자가 두 시간이 지나서야 어슬렁거리며 나타났다. 열 받은 노처녀가 남자에게 한마디 했다.

"개새끼…… 키워 보셨어요?"

남자가 대답했다.

"십팔 년…… 동안 키웠죠."

그녀는 속으로 고민하다, 새끼손가락을 쭉 펴서 남자 얼굴에 대고 말했다.

"이 새끼…… 손가락이 제일 예쁘지 않아요?"

남자는 이번에도 말을 되받아치고는 가버렸다.

"이년이…… 있으면 다음에 또 만나겠죠!"

◉무엇일까요?

삼성은 있지만, 현대는 없다.
군자는 있지만, 소인은 없다.
오리는 있지만, 백조는 없다.
대화는 있지만, 토론은 없다.
온수는 있지만, 냉수는 없다.
신사는 있지만, 숙녀는 없다.
상록수는 있지만, 침엽수는 없다.
방학은 있지만, 개학은 없다.
오류는 있지만, 에러는 없다.

무엇일까요? …… 지하철 역

트위터 유머

트위터 세계에도 에티켓은 있다

트위터도 여러 사람이 모여 만들어 가는 사이버 공동체이기 때문에 트위터 유저라면 반드시 지켜야 할 에티켓이 있다.

① 비속어나 무례한 글 쓰지 않기

트위터가 여러 사람이 소통을 위해 모이는 광장인 만큼 다른 사람들을 배려하고 상대방의 의견을 존중하는 태도가 필요하다. 무분별하게 누군가를 비난하는 말이나 저속한 비속어 등은 삼가야 한다. 가는 트윗이 고와야 오는 트윗도 곱다.

② 길게 늘어지는 두 사람 사이의 대화나 말다툼은 가급적 DM(다이렉트 메시지)으로 하라.

내가 올리는 글은 그 글의 대상이 누구이든 나의 팔로워들도 다 같이 볼 수 있다. 따라서 다른 팔로워들이 읽을 필요가 없는 글은 최소화하는 것이 예의다.

③ '맞팔' 강요는 사절. 팔로잉도 개인의 선택이다

'나는 당신을 팔로잉하는데 당신은 왜 나를 팔로잉하지 않느냐.' 이런 서운함은 누구나 가질 수 있다. 이럴 경우 '맞팔'을 하라고 강하게 요구하는 유저들이 있는데, 팔로잉도 개인의 선택임을 명심하고 상대방을 존중해 줄 수 있어야 한다.

④ 자기 글이 아니면 출처를 정확히 밝혀 주는 센스!

출처를 정확히 밝히는 것은 꼭 트위터에서뿐만이 아니라 어디에서라도 당연히 지켜야 할 에티켓이다. 남이 작성한 글을 올릴 때는 누가 얘기한 것인지 반드시 밝혀야 한다.

⑤ 정보 공유를 할 때는 정확한 정보인지 반드시 확인

유용한 정보는 RT를 통해 순식간에 퍼지기 때문에 트위터에 글을 올리기 전에는 반드시 정보의 정확성을 다시 확인해야 한다. 부정확한 정보를 올릴 경우 자신의 신뢰도에도 부정적인 영향을 미친다는 것을 기억하라.

트위터 유머

Chapter 3
웃음은 영업력이다

서먹한 회의 자리, 불편한 영업 자리 분위기를 한 번에 반전시켜 줄 비밀 병기가 있는가? 빨리 트위터를 커닝하라. 바로 거기 웃음 폭탄이 들어 있다.

넌센스 유머: 단순하게 생각해! 인생은 넌센스야

◎ 깔깔깔 퀴즈

- 건강한 깡패를 세 글자로 하면? …… 영양갱
- 세상에서 꿈이 제일 큰 나무는? …… 왕꿈틀이
- 세계 최초의 시인은? …… 원시인
- 사공이 아주 많으면 배는 어떻게 되나? …… 가라앉는다.
- 동생과 형이 싸우는데 엄마가 동생 편을 드는 세상을 뭐라 할까? …… 형편없는 세상

- 형을 아주 좋아하는 동생을 뭐하고 할까? …… 형광펜
- 인천 앞바다의 반댓말은 무엇일까? …… 인천 엄마다
- 자가용의 반대말은? …… 커용
- 미꾸라지가 크면 무엇이 될까? …… 미꾸엑스라지
- 절대로 울면 안 되는 날은? …… 중국집 쉬는 날

트위터 유머

- 사람의 몸에서도 만들어질 수 있는 기름은? …… 개기름
- 개미의 목구멍보다 작은 것은? …… 개미 먹이
- 사업상 목욕을 할 수 없는 사람은? …… 거지
- 음력 설날에만 사용하는 물은? …… 구정물
- 김치만두가 김치에게 무슨 말을 했을까? …… "내 안에 너 있다"

- 높은 곳에서 애를 낳으면? …… 하이애나
- 남자들은 이것 앞에서 무릎을 꿇는데 여자들은 이것을 깔아 뭉갠다. 무엇일까? …… 요강
- 신경통 환자들이 가장 싫어하는 악기는? …… 비올라
- 콧구멍이 두 개인 이유? …… 후비다가 숨막혀 죽을까 봐
- 통키 아빠는 피구하다가 죽었다. 왜 죽었을까? …… 피 구하다 못 구해서

- 걷는 놈 위에 뛰는 놈, 뛰는 놈 위에 나는 놈이 있다. 그렇다면 나는 놈 위에는? …… 붙어 가는 놈
- 아몬드가 죽으면? …… 다이아몬드
- 죽었다 깨어나도 못하는 것은? …… 죽었다 깨어나는 것
- 누워서 떡 먹기보다 더 쉬운 것은? …… 누워서 떡 안 먹기
- 이혼의 가장 결정적인 원인은? …… 결혼

- 화장실에 가면 소변과 대변 중 어느 것이 먼저 나올까? …… 급한 것
- 바나나가 웃으면? …… 바나나킥
- 할아버지 할머니가 가장 좋아하는 폭포는? …… 나이아가라
- 아빠가 일어나면, 엄마는 책 보는 곳은 어디일까? …… 노래방
- 젖소에게는 4개 있고 여자에게는 2개 있는 것은? …… 다리

- 못생긴 여자를 무지 좋아하는 남자는? …… 성형외과 의사
- 절벽에서 떨어지다가, 나무에 걸려 살아난 사람은? …… 덜 떨어진 사람
- 뒤에서 부르면 돌아보는 이유는? …… 뒤통수에는 눈이 없으니까
- 로봇 형사 '가제트'의 성은? …… 마징
- 변호사, 검사, 판사 중 누가 제일 큰 모자를 쓸까? …… 머리 큰 사람

- '죽이다'의 반대말은? …… 밥이다.
- 백 곱하기 백 곱하기 백 곱하기…… 를 계속하면? …… 배꼽에서 피 난다.
- 많이 맞을수록 좋은 것은? …… 시험문제

- 콜라와 마요네즈를 섞으면? …… 버려야 한다.
- 하늘의 별 따기 보다 더 어려운 것은? …… 별 달기
- 인삼은 6년 근일 때 캐는 것이 좋다. 산삼은 언제 캐는 것이 제일 좋은가? …… 보는 즉시
- 물고기의 반대말은? …… 불고기
- 아이스크림이 사고를 당했다. 왜? …… 차가 와서

- 참깨와 우동이 심하게 말다툼을 했다. 이튿날 우동이 경찰서에 잡혀 들어갔다. 왜일까? …… 참깨가 고소해서
- 그 다음 날 참깨도 경찰서에 잡혀 들어갔다. 왜일까? …… 우동이 불어서
- '흥부가 자식을 20명 낳았다'를 다섯 글자로 줄이면? …… 흥부 힘 좋다.
- 소가 가장 무서워하는 말은? …… 소피 보러 간다.
- 미국의 여자 거지 이름은? …… 더 달란 마리아

- 일본에서 제일 방귀 잘 뀌는 사람은? …… 아까 끼고 또 껴
- 일본에서 낚시를 제일 잘하는 사람은? …… 다나까
- 일본에서 가장 이름난 구두쇠는? …… 무라카와 쓰지마 도나카와 쓰지마

- 진짜 문제투성이인 것은? …… 시험지
- 노총각과 노처녀가 결혼 못하는 이유? …… 동성동본
- 기적을 많이 일으키는 사람은? …… 열차 기관사
- 남의 등이나 처먹고 사는 사람은? …… 안마사
- 누가 사와도 못 사왔다고 하는 것은? …… 못

- '할아버지 발은 왕발'을 네 글자로 줄이면? …… 노발대발
- 실패하면 살고 성공하면 죽는 것은? …… 자살
- 단골 없는 장사꾼은? …… 장의사
- 의사와 엿장수가 좋아하는 사람은? …… 병든 사람
- 계급이 가장 높은 균은? …… 대장균

- 남녀가 물에 빠졌는데 남자는 죽고 여자는 산 이유? …… 골빈 여자, 돌대가리 남자
- 단식하여 몸 안에 기생충이 죽었다. 이때 기생충 죽음을 뭐라고 하는가? …… 아사
- 오줌을 참아 몸 안에 기생충이 죽었다. 이때 기생충 죽음을 뭐라고 하는가? …… 익사
- 몸 안에서 기생충을 키우다가 더 크지 못하는 상황에서 기생충이 죽었다. 이때 기생충 죽음을 뭐라고 하는가? …… 압사

- 방귀를 참았다가 몸 안에 기생충이 죽었다. 이때 기생충 죽음을 뭐라고 하는가? …… 질식사
- 프로 권투의 대진 방식은? …… 주먹구구
- 도둑이 도둑질하러 가는 걸음걸이를 네 글자로 줄이면? …… 털레털레
- 사람들이 제일 싫어하는 금은? …… 세금
- 개미의 몸을 세 부분으로 나누면? …… 죽는다.

- 타이타닉의 구명보트에는 몇 명이 탈 수 있을까? …… 9명
- 고기 먹을 때마다 따라오는 개는? …… 이쑤시개
- 붉은 길에 동전 하나가 떨어져 있다. 그 동전의 이름은? …… 홍길동전
- 입방아를 찧어 만든 떡은? …… 쑥떡쑥떡
- 장사꾼들이 싫어하는 경기는? …… 불경기

- 서울 시민 모두가 동시에 외치면 무슨 말이 될까? …… 천만의 말씀(서울 시민 천만 명)
- 왕이 넘어지면? …… 킹콩
- 신사가 자기소개를 하면? …… 신사임당
- 왕이 헤어질 때 하는 말? …… 바이킹

- 세 사람만 탈 수 있는 차? …… 인삼차
- 둘리가 다니는 고등학교는? …… 요리보고
- 수학을 불에 익히면? …… 수학익힘책
- 국사를 불에 태우면? …… 불국사
- 움직이는 총은? …… 이동건

- 허수아비의 아들은? …… 허수
- 대통령 선거의 반대말은? …… 대통령 앉은 거
- 추울 때 하는 전쟁은? …… 추워
- 하루에 백 원씩 1년을 내면 1억을 모을 수 있는 계는? …… 황당무계
- 나폴레옹의 묘 이름은? …… 불가능

- 옥상에서 아빠가 떨어졌다. 하지만 아빠는 죽지 않았다. 이유는? …… 기러기 아빠
- 옥상에서 엄마가 떨어졌다. 하지만 엄마는 죽지 않았다. 이유는? …… 새엄마
- 옥상에서 아들이 떨어졌다. 하지만 아들은 죽지 않았다. 이유는? …… 비행 청소년
- '12345678'을 뭐라고 할까? …… 영구 없다

트위터 유머

- 콩나물과 무가 달리기를 해서 무가 이겼다. 콩나물이 화가 나서 무를 때렸다. 이 상황을 뭐라고 할까? …… 콩나물무침
- 해골을 잔뜩 넣어 둔 방을 뭐라고 할까? …… 골룸
- 병아리가 마당에서 놀고 있는데 매가 날아와서 병아리를 마구 때렸다. 병아리가 울면서 엄마 닭에게 뭐라고 했을까? …… 매가패스
- 인도는 지금 몇 시일까? …… 4시 (인도네시아)
- 빌 게이츠가 친구 탐과 싸운 후 인터넷에 탐을 욕하는 글을 올렸다. 뭐라고 했을까? …… 탐색기

◉세종대왕이 만든 것

세종대왕이 만든 우유 이름은? …… 아야어여오요우유
세종대왕이 만든 고등학교 이름은? …… 가갸거겨고교
세종대왕이 만든 아이스크림 이름은? …… 가나다라마바

◉닭 시리즈

가장 빠른 닭 …… 후다닭
가장 비싼 닭 …… 코스닭

가장 야한 닭 …… 홀닭

가장 성질 급한 닭 …… 꼴까닭

닭이 넘어지는 것을 뭐라고 할까? …… 닭꽝

◉ 가수 비

'로스앤젤레스로 날아갈 가수 비'를 세 글자로 줄이면? …… LA갈비

가수 비와 비슷하게 생긴 사람을 만나면? …… 너비아니

가수 비가 스스로 부르는 노래는? …… 나비야

가수 비의 매니저는? …… 비만관리자

◉ 유머로 보는 전철역

영화인이 좋아하는 역 …… 개봉역

학생들이 좋아하는 역 …… 방학역

마라톤 선수가 좋아하는 역 …… 월계역

제비족이 좋아하는 역 …… 강남역

낚시꾼이 좋아하는 역 …… 강변역

무녀들이 좋아하는 역 …… 신당역
등산객이 좋아하는 역 …… 약수역
숙녀들이 좋아하는 역 …… 신사역
유아들이 좋아하는 역 …… 수유역
여성들이 좋아하는 역 …… 남성역

이산가족이 좋아하는 역 …… 상봉역
자수 간첩이 좋아하는 역 …… 광명역
방송인이 좋아하는 역 …… 중계역
사냥꾼이 좋아하는 역 …… 오리역
보초들이 좋아하는 역 …… 교대역

데모대가 싫어하는 역 …… 대치역
어린이가 싫어하는 역 …… 미아역
소방관이 싫어하는 역 …… 방화역
범인들이 싫어하는 역 …… 수색역
군인들이 싫어하는 역 …… 작전역

세탁소 주인이 좋아하는 역 …… 대림역
가장 싸게 지은 역 …… 일원역

세입자가 싫어하는 역 …… 방배(빼)역

법조인이 좋아하는 역 …… 청구역

미국인이 싫어하는 역 …… 중동역

◉고민 상담

Q. 맞벌이하고 있는 33세의 여성입니다. 아직 아이를 갖고 싶지 않은데 시부모님이 빨리 아이를 가지라고 독촉합니다. 정말로 시간이 없는데 어떻게 설득하면 좋을까요?

A. 시간이 없다고요? 10분이면 되는 거 아닌가요?

Q. 17세의 소녀입니다. 요즘 "나는 무엇인가?"라는 고민을 하고 있습니다. 도대체 나는 무엇일까요?

A. 인칭대명사입니다.

Q. 내 모든 것인 그녀, 정말 보내기 싫습니다. 보낼 수 없습니다. 어쩌면 좋을까요?

A. 보내지 말고 가위나 바위를 내세요.

Q. 선생님이 숙제로 극지방에 사는 동물 5개를 써보라고 했는

데, 북극곰하고 펭귄 밖에 모르겠어요. 어떻게 써야 할까요?

A. 북극곰 3마리, 펭귄 2마리

◉돈 시리즈

도둑이 좋아하는 돈은? …… 살그머니

며느리들이 싫어하는 돈은? …… 시어머니

아저씨들이 좋아하는 돈은? …… 아주머니

생각만 해도 눈물 나는 돈은? …… 어머니

◉싫어하는 사람 시리즈

- 의사가 제일 싫어하는 사람은? …… 앓느니 죽겠다는 사람
- 치과 의사가 제일 싫어하는 사람은? …… 이 없으면 잇몸으로 산다는 사람
- 산부인과 의사가 제일 싫어하는 사람은? …… 무자식이 상팔자라는 사람
- 한의사가 제일 싫어하는 사람은? …… 밥이 보약이라는 사람
- 변호사가 제일 싫어하는 사람은? …… 법 없이도 살 사람

◉ 고추장 시리즈

인디언들 중 가장 높은 사람은? …… 추장

그렇다면 추장보다 더 높은 사람은? …… 고추장

고추장보다 더 높은 사람은? …… 초고추장

마지막으로 초고추장보다 더 높은 사람은? …… 태양초고추장

◉ 연예인 시리즈

스캔들 없이 사생활이 제일 깨끗한 가수는? …… 노사연

투수가 싫어하는 연예인은? …… 강타

우리나라에서 제일 잠이 많은 연예인은? …… 이미자

'너는 시골에 산다'를 세 글자로 하면? …… 유인촌

어부들이 제일 싫어하는 가수는? …… 배철수

청바지를 갖고 있는 사람은? …… 소유진

청바지를 땅에 심으면? …… 심은진

◉ 산토끼 시리즈

IQ 30이 생각하는 산토끼의 반대말은? …… 끼토산

IQ 60이 생각하는 산토끼의 반대말은? …… 집토끼

트위터유머

IQ 80이 생각하는 산토끼의 반대말은? …… 죽은 토끼

IQ 100이 생각하는 산토끼의 반대말은? …… 바다토끼

IQ 150이 생각하는 산토끼의 반대말은? …… 판 토끼

IQ 200이 생각하는 산토끼의 반대말은? …… 알칼리 토끼

 **twitter tip**

누가 만들었어? 트위터 속담 2

늦게 배운 트위터 날 새는 줄 모른다

'늦게 배운 도둑질 날 새는 줄 모른다'의 패러디. 뒤늦게 트위터를 배워 트위터의 재미에 푹 빠져 있다는 의미.

영어 무서워 트윗 못할까

'구더기 무서워 장 못 담글까'의 패러디. 영어 실력이 다소 달리더라도 트위터를 즐기기에는 문제없다는 뜻.

스마트폰 들고 트위터도 모른다

'낫 놓고 기역자도 모른다'의 패러디. 스마트폰을 이용하면서도 트위터를 사용할 줄 모를 정도로 바보 같다는 뜻.

가는 트윗이 고와야 오는 트윗도 곱다

'가는 말이 고와야 오는 말도 곱다'의 패러디. 내가 다른 사람의 트위터에 좋은 글을 올려야 다른 사람도 나에게 좋게 한다는 뜻.

트위터 유머

원수는 트위터에서 만난다

'원수는 외나무다리에서 만난다'의 패러디. 꺼리고 싫어하는 사람을 트위터에서 공교롭게 만나게 된다는 뜻.

트윗질이 서 말이라도 팔로워가 있어야 보배다

'구슬이 서 말이라도 꿰어야 보배다'의 패러디. 아무리 트위터에 글을 많이 올려도 내가 올린 글을 보는 팔로워들이 있어야 소용 있다는 뜻.

고기는 씹어야 맛이요 트윗은 돌려야 맛이다

'고기는 씹어야 맛이요 말은 해야 맛이다'의 패러디. 트위터의 글은 많은 사람이 보고 퍼날라야 의미가 있다는 뜻.

RT 모아 여론

'티끌 모아 태산'의 패러디. 유용한 정보나 공유하고 싶은 글을 다른 사람에게 전달하는 기능인 RT(리트윗)가 많으면 곧 여론이 된다는 뜻.

비즈니스 유머: 회의와 미니스커트는 짧을수록 좋다

◉ 실적이 저조하면

회의 시간에 한 간부가 저조한 실적을 두고 직원들을 나무랐다.

"여러분이 이 일을 할 수 없다고 할지라도 우리 제품을 판매할 사람들은 얼마든지 있습니다. 지금도 기회만 닿으면 뛰어들 사람이 줄을 섰어요."

이어 그 간부는 자신의 말을 확인하려는 듯 프로 축구 선수 출신의 신입사원에게 물었다.

"축구 경기에서 성적이 좋지 않을 때는 어떻게 합니까? 선수를 교체하지요?"

잠시 뒤 신입사원이 입을 열었다.

"팀 전체에 문제가 있을 경우 보통 감독이나 코치를 갈아 치우지요."

트위터 유머

◉ 건설업자의 항변

악덕 건설업자가 염라대왕 앞에 섰다.

염라대왕: 지옥 1~5호 중에 하나를 간다. 여기가 지옥 1호다. 어떠냐?

어차피 각오한 지옥행이었는데 의외로 깔끔하고 고급스러웠다.

악덕 건설업자: 그냥 1호로 하겠습니다.

그런데 막상 지옥 1호에 입주하고 보니 그야말로 아비규환 지옥이었다.

악덕 건설업자: 아니! 좀 전에 본 것과는 너무 다르잖아요! 이건 사기입니다, 사기!

염라대왕: 그건 모델하우스였다.

◉ 비즈니스

어느 죽 가게의 종업원이 손님에게 물었다.

"계란을 넣을까요? 말까요?"

다른 죽 가게의 종업원은 손님에게 이렇게 물었다.

"계란을 하나만 넣을까요? 두 개를 넣을까요?"

둘 다 친절했고 성실했지만 사소한 질문의 차이가 상당한 매출의 차이로 나타났다.

◉ 청년의 재치

취업을 원하는 청년에게 회사 임원이 말했다.

"자네 말고도 천 명이나 넘게 지원서를 냈다네. 서류가 너무 많아 손도 못 댈 지경이야."

그러자 청년이 말했다.

"그럼 그 서류 분류하는 일을 제가 하겠습니다."

◉ 눈치 없는 아들

명예퇴직이니 감원이니 해서 회사 분위기가 뒤숭숭하던 때. 아빠는 직장 직속상관인 부장에게 잘 보이기 위해 부장 부부를 저녁식사에 초대했다. 부장과 부인이 도착하고 식사가 준비되자 모두들 식탁 앞에 앉아 음식을 들면서 이야기를 나누기 시작했다. 아들이 접시에 든 것을 유심히 살피더니 물었다.

"엄마, 이게 말고기야?"

"아니야. 이건 쇠고기야. 그런데 왜 묻는 거니?"

"아빠가 그랬잖아. 오늘 저녁에 말대가리를 데려올 거라고."

◉장모 전화

회사에서 과장과 말단 사원의 대화.

과장: 자네는 부활이라는 것을 믿나?

사원: 아뇨!

과장: 저번 주 화요일에 자네 장모가 돌아가셨다고 결근했지? 장모께서 부활하셨네. 자네 찾는 장모 전화일세.

◉ 전문성

한 회사의 부장과 직원들이 노래방에 갔다. 만취한 부장이 갑자기 일어서더니 직원들에게 말했다.

"혹시 신입사원 중에 전자공학과나 기계공학과 나온 사람 있나?"

어쩐지 좋은 일이 생길 것 같은 분위기에 기계공학과를 나온 A씨가 손을 들었다. 이에 질세라 전자공학과를 나온 입사동기 B씨도 번쩍 손을 들었다.

부장은 둘 다 나오라고 불렀다.

"그래, 자네하고 자네, 이리 나오게."

그리고는 이렇게 말했다.

"자네들 여기 서있다가 노래방 기계 번호 좀 찍게."

◉ 주식투자와 결혼의 공통점

희망찬 기대를 가지고 시작한다.

해도 후회하고 안 해도 후회한다.

결과를 누구도 예측할 수 없다.

겨우 하나를 고르고 나면 그때부터 단점이 보이기 시작한다.

자기는 이미 하고서 남에게는 절대로 하지 말라고 한다.

◉ 지구온난화의 공범

지구 온난화 대책회의가 열렸다. 세계 각국 대표단이 참석한 가운데 사회자가 회의를 시작하려는데 의외의 인물이 앉아 있었다.

"당신은 왜 여기 앉아 있소?"

그에게 사회자가 묻자 그 사람이 대답했다.

"글쎄, 나도 지구 온난화에 책임이 있으니 여기 참석해야 한다고 사람들이 자꾸 등을 떠밀더라고요."

그는 성인잡지 〈플레이보이〉 창업주 휴 헤프너였다.

◉ 최고의 식후 연설

최고의 식후 연설은?

"웨이터, 계산서 주세요."

◉ 회의와 미니스커트

훌륭한 회의란 미니스커트와 같다. 사람들이 흥미를 잃지 않을 만큼 짧아야 하고 커버할 건 커버할 수 있을 만큼 길어야 한다.

◉ 기장의 농담

미국 사우스웨스트 항공사의 기내 방송 가운데 한 대목.
"담배를 피우실 분들은 비행기 날개 위에서 마음껏 피우실 수 있습니다. 흡연하면서 감상하실 영화는 〈바람과 함께 사라지다〉입니다."

◉ 골프와 자식의 공통점

한번 인연을 맺으면 죽을 때까지 끊을 수 없다.
언제나 똑바른 길로 가길 염원한다.
끝까지 눈을 떼지 말아야 한다.
간혹 부부간의 의견충돌을 야기한다.
안 될수록 패지 말고 띄워 줘야 한다.
잘못 때리면 다른 길로 빠져나가 비뚤어지기 십상이다.
남들에게 자랑할 때 '뻥'이 좀 들어간다.
같은 뱃속(회사)에서 나왔는데 성격은 모두 다르다.
비싼 과외(레슨)를 해도 안 될 때가 있다.
18이 지나면 내가 할 수 있는 것이 없다.

트위터유머

◉긍정과 부정 사이

한 가전회사에서 알래스카에 냉장고를 수출하기 위해서 두 명의 영업사원을 보내 시장을 파악하도록 했다. 돌아온 두 명의 영업사원 보고는 완전히 달랐다. 한 영업사원은 말했다.

"그곳은 너무 추워서 음식이 쉽게 부패하지 않기 때문에 냉장고가 필요 없습니다."

하지만 다른 영업사원은 웃으면서 대답했다.

"알래스카에서는 모든 먹을 것이 얼어 버리기 때문에 얼지 않게 하기 위해 냉장고가 꼭 필요합니다. 우리가 알래스카 시장에 도전하면 반드시 성공할 것입니다."

◉마케팅의 힘 1

고층 빌딩 꼭대기에 있는 이탈리안 레스토랑. 엘리베이터 안내 표시 옆에 이렇게 써 붙였더니 매출이 급상승했다.

"야경은 무료입니다."

◉마케팅의 힘 2

아침을 굶고 출근하는 사람들을 대상으로 김밥을 포장 판매하는 가게 유리창에 다음과 같은 글이 붙어 있었다.

"김밥을 포장해 드립니다."

그런데 주인이 어느 날 이 문구의 글자 단 세 개를 바꿨더니 매출이 두 배로 뛰었다.

"김밥을 포장해 놓았습니다."

◉ 긍정적 사고

한 직원이 회사에 큰 손해를 끼치자 사장이 노발대발했다.

"자네, 월급에서 앞으로 30년 동안 50만 원씩 깎겠으니 그런 줄 알아!"

사장실에서 나오자마자 직원이 아내에게 전화를 걸었다.

"여보, 나 30년 동안 퇴직 걱정 없어졌어."

◉ 상상력

인사부장이 채용된 지 몇 주가 안 된 청년을 불러 따지기 시작했다.

"이거 어쩌자는 건가? 자네는 입사하면서 5년간의 유경험자라고 했어. 그런데 알고 보니 이게 첫 직장이잖아."

그러자 청년이 대답했다.

"모집 광고에서 상상력이 풍부한 사람이 필요하다고 하시지 않았습니까?"

◎출근 시간

한 사원이 세계 각국의 시간이 나오는 손목시계를 동료에게 자랑하고 있었다. 이때 부장이 그 곁을 지나며 한마디 했다.

"시계도 좋지만 출근은 우리나라 시간에 맞춰서 하게. 요 며칠 외국시간으로 출근하지 않았나?"

◎학생과 직장인의 차이

학생: 직장에 들어가면 다 될 것 같았다.
직장인: 회사만 그만두면 다 될 것 같았다.

학생: 매일 술이 고팠다. 술자리 절대로 안 빠졌다.
직장인: 밉상 상사와 3차까지 가야 하는 현실이 서글프다.

학생: 주말은 의미가 없다. 그냥 학교 가서 친구나 만난다.

직장인: 황금 같은 주말에 당직을 서라는 건 사형선고와 같다.

학생: 하루 안 나가면 그뿐이다.
직장인: 오늘 안 나가면 영원히 못 나오게 할 것 같다.

◉ 나와 상사가 다른 이유 1

내가 시간을 끌면 느린 것이고 상사가 시간을 끌면 치밀한 것이다.

내가 일을 미루면 게으른 것이고 상사가 미루면 다른 일로 매우 바쁜 것이다.

내가 사무실 밖으로 나가면 근무지 이탈이고 상사가 사무실 밖으로 나가면 외근이다.

내가 실수하면 멍청한 것이고 상사가 실수하는 것은 그도 사람이기 때문이다.

◉ 나와 상사가 다른 이유 2

내가 가만히 서있으면 고집불통이고 상사가 가만히 서있으면 줏대 있는 것이다.

내가 예의 없이 굴면 무례한 것이고 상사는 원래 그런 것이다.

내가 상사를 기쁘게 하면 아첨하는 것이고 상사가 그의 상사를 기쁘게 하면 협력하는 것이다.

내가 어쩌다 하루 아프면 맨날 아픈 사람이 되고 상사가 아프면 틀림없이 전날 과로한 것이다.

◉이력서 이렇게 내면 합격

D 참치회사 지원자: 오리발과 물안경만 주십시오. 태평양에서 참치를 몰고 오겠습니다. 만약 상어에게 봉변을 당할 경우 보험금은 일체 없는 걸로 하겠습니다.

K 타이어 회사 지원자: 모든 타이어는 제 입으로 바람을 불어 넣겠습니다.

H 자동차 지원자: 충돌 실험을 할 때 본인이 직접 탑승한 후 보고서를 제출하겠습니다. 구급차는 필요 없습니다. 실험 후 본인이 직접 걸어서 병원까지 가겠습니다.

S 통신사 지원자: 독도 기지국 건설할 때 송신탑을 들고 가겠습니다. 부식은 절대 사양합니다. 갈매기로 대체하겠습니다.

 **twitter tip**

도랑 치고 가재 잡고!
트윗질하고 돈도 벌고!

① 돼지고기 판매 온라인 쇼핑몰인 '도토리속참나무'는 트위터 @docham08를 통해 나흘만에 5000만 원 매출을 올렸다. 매일 선착순 10명에게 고기 샘플 300그램을 증정하는 이벤트를 진행한 것이다. 시식을 한 사람들은 트위터에 육질에 대한 긍정적인 평가를 내렸고 입소문이 나서 매출이 크게 올랐다.

② 미스터피자는 매주 화요일과 목요일 오후 2시 7분을 미피타임으로 정해 이벤트를 벌이고 있다. 그뿐 아니라 일상적인 인사, 소소한 대화거리, 후기를 주고받는다.

③ 김용철 변호사가 쓴 《삼성을 생각한다》라는 책은 신문 광고에 어려움이 있었다. 이 이야기가 트위터를 통해 빠르게 퍼졌다. 결과적으로 책이 나온 지 일주일 만에 주요 인터넷 서점 베스트셀러 1, 2위에 올랐다.

트위터 유머

④ Kogi는 미국 LA, 할리우드에서 한국식 고기를 트럭에서 판매한다. 일종의 이동하는 포장마차다. Kogi는 다음 판매 장소를 트위터로 알리는데 트위터를 통해 이 소식을 안 사람들은 줄을 서서 기다린다. 〈반지의 제왕〉의 배우 일라이저 우드는 생일 파티까지 여기서 했다고 한다.

⑤ 두산그룹 박용만 회장은 트위터를 통해 이웃집 아저씨 같은 친근한 이미지를 만들었다. 회의 전 몰래 셀카를 찍어 트위터에 올리기도 한다. 친구 같은 이미지 때문에 팔로워가 많다. 한 팔로워가 자녀의 수술로 마음이 아프다는 내용을 트위터에 올리자, 박용만 회장은 그 아들이 좋아하는 야구선수의 사인볼과 장난감을 집으로 배송해 주었다고 한다. 박용만 회장의 트위터는 PI President Identity, 최고경영자 이미지를 통한 마케팅이라는 사례로 주목받고 있다.

학교 & 군대 유머:
죽어도 다시 가고 싶진 않지만

◉ 사오정의 습관

수업 시작종이 울리고 선생님이 들어오자마자 사오정이 손을 번쩍 들고 말했다.

"선생님! 저 화장실 좀 다녀오겠습니다."

"넌 쉬는 시간에는 뭘 하고 지금 화장실에 간다고 그러니?"

"저는 집에서도 자기 전에 화장실에 다녀오는 습관이 있어서요, 선생님."

◉ 뭐 하는 인간이야?

어느 여름, 한 대학교에서 강의가 시작되고 30분쯤 지났을 무렵, 한 청년이 강의실 뒷문을 열고 뻘쭘하게 들어왔다.

교수님: 이봐, 자네 지금 몇 시인데 지금 오나?

청년: 저, 차가 막혀서요.

교수님: 도대체 자네 어제 저녁에 뭘 했길래 이제 들어오나?

청년: 어제 친구들이랑 고스톱 치다가 술 먹고 잤는데요.

교수님: 자네 도대체 뭐하는 인간이야?

청년: 저 에어컨 고치러 왔는데요.

◉ 전공별 교수의 싸움 구경

경영학과 교수: 싸우면 둘 다 손해다.

의류환경학과 교수: 옷 찢어질라.

경찰행정학과 교수: 경찰 불러!

응용통계학과 교수: 일주일에 한 번꼴이니. 쯧쯧!

아동학과 교수: 애들이 배울라.

신문방송학과 교수: 전교생의 입에 오를 텐데?

중어중문학과 교수: 임전무퇴(臨戰無退).

신학과 교수: 저들의 죄를 용서하소서, 아버지!

영문학과 교수: Stop fighting!

경제학과 교수: 돈 안 되는 놈들.

식물학과 교수: 박 터질라.

법학과 교수: 너희들 다 구속감이다!

변호사법 전공교수: 다치면 고소해라.

사진학과 교수: 너희들 다 찍혔어.

영양학과 교수: 쟤들 뭘 먹었길래 저러지?

◉니체가 알몸이 된 사연

시험에 독일의 철학자를 맞추는 주관식 문제가 있었다. 경희는 우등생 효은이의 답안지를 커닝했다. 효은이가 적은 답은 '니체'였지만 곁눈질을 하다 보니 답이 '나체'로 보였다.

경희는 똑같은 답을 쓰면 커닝한 게 탄로 날 것 같아 '누드' 라고 적었다.

그 뒤에 앉아 있던 명희는 또 경희의 답안지를 커닝했다. 그런데 똑같이 쓰기가 뭐해서 기발한 아이디어를 내어서 적었다. 명희의 답은? …… 알몸

◉베니스의 상인

어느 날 덜렁이가 시험을 보는데 답이 도무지 생각나지 않았다. 문득 옆을 보니 썰렁이 시험지에 '베니스의 상인'이라고 적혀

있었다. 이것을 잘못 본 덜렁이는 그것을 '페니스의 상인'이라고 적었다. 덜렁이의 답을 슬쩍 본 덩달이는 커닝한 것을 들키지 않으려고 이렇게 써서 냈다.

덩달이의 답은? …… 고추 장사꾼

◉웃기는 교실 속담

빈 가방이 요란하다.

담임한테 뺨 맞고 매점 아줌마한테 화풀이한다.

재수 없는 놈은 뒤에 앉아도 분필 맞는다.

매점의 새우깡도 집어 먹어야 맛이다.

참고서 찾아 주니 별책 부록 내놓으라 한다.

말대꾸가 길면 밟힌다.

지우개 가루 모아 태산.

가는 휴지가 고아야 오는 휴지도 곱다.

체육복 잃고 사물함 고친다.

샤프심 도둑이 참고서 도둑 된다.

◉ 아메리카 대륙을 발견한 사람

교사: 철수야, 지도에서 아메리카 대륙을 찾아보렴.

철수: 선생님! 찾았어요.

교사: 그래, 참 잘했다. 여러분, 아메리카 대륙을 발견한 사람이 누구죠?

아이들: 철수요!

◉ 선생님 시리즈

20대 선생님 …… 어려운 것만 가르친다.

30대 선생님 …… 중요한 것만 가르친다.

40대 선생님 …… 이론(원칙)만 가르친다.

50대 선생님 …… 아는 것만 가르친다.

◉ 우리 아빠

선생님이 초등학교 1학년 아이에게 물었다,

"네가 천 원을 가지고 있는데, 아빠에게 천 원을 더 달라고 하면 너는 얼마를 가지게 되니?"

그러자 아이가 대답했다.

 트위터유머

"1천 원이요!"

선생님은 걱정스러운 표정으로 말했다,

"너는 수학을 잘 못하는구나."

그러자 아이가 한숨을 쉬며 말했다.

"선생님은 저희 아빠를 잘 모르시는군요!"

◉ 통장

한 아이가 초등학교에 입학했다. 엄마와 아이는 입학 기념으로 통장을 만들기로 했다.

엄마와 은행에 간 아이는 통장 개설에 필요한 서류에 이름과 생년월일을 적었다.

전에 거래한 은행 이름을 적는 칸에는 다음과 같이 적었다.

'돼지 저금통'

◉ 꼬마의 장래희망

학교에서 돌아온 아들이 한참 고민하다가 엄마에게 물었다.

아들: 엄마는 미술가가 좋아요? 아님 음악가가 좋아요?

엄마: 음. 엄만 다 좋은걸.

아들: (빙그레 웃으며) 정말요?

아들은 가방에서 성적표를 꺼내 엄마에게 보였다.

미술 '가'

음악 '가'

◉ 맹랑한 아들 1

초등학교 3학년짜리 아들을 둔 아버지가 있었다. 그 아버지는 아들이 매번 시험 점수를 50점을 못 넘기자 아들에게 말했다.

"다음번 시험에서 80점 이상 받아 오면, 상으로 용돈 5만 원을 주마."

한 달 뒤 아들이 아버지에게 말했다.

"아빠, 좋은 소식이 있어요!"

"뭔데?"

"지난번에 시험에서 80점 이상 받으면 용돈 5만 원을 주시기로 했잖아요? 그 돈 아빠가 쓰세요!"

◉ 맹랑한 아들 2

화가 난 아빠가 이번엔 아들에게 이렇게 말했다.

"좋다, 이번 한 번은 용서해 주마. 그러나 다음번에 또 50점 미만으로 받아 오면 그땐 넌 내 아들 아니다. 알겠냐?"

한 달 뒤 아들이 학교에서 시험을 보고 성적표를 받아 집으로 돌아왔다.

아버지가 아들에게 물었다.

"그래, 이번엔 몇 점 받았지?"

그러자 아들이 아버지께 대뜸 이렇게 말했다.

"아저씨, 누구세요?"

◉음악 시험의 비애

음악 선생님이 학생들에게 쉽게 가르쳐 주려고 "슈베르트가 나오면 숭어! 시험에서 시옷 두 개 나오면 그 답을 찍으면 된다"라고 알려 주었다. 학생들은 열심히 외웠다.

그런데 그 문제가 주관식으로 나왔다.

학생들의 답은 가관이었다.

차이코프스키 — 참치

모차르트 — 문어

슈베르트 — 상어

◉ 성적표

맹구의 시험 성적은 한 과목만 '양'이고 나머지 과목은 모두 '가'였다.

성적표를 엄마에게 보여 주자 맹구 엄마가 하시는 말씀.

"야, 맹구야. 너무 한 과목에만 집중하지 마라."

◉ 행복

어느 날, 선생님이 학생들에게 질문을 했다.

"돈 6억 원을 가진 사람과 아이 6명을 가진 사람 중 어느 쪽이 더 행복할까?"

한 학생이 자신 있게 대답했다

"아이 여섯을 가진 사람입니다!"

"그 이유는?"

"돈 6억 원을 가진 사람은 더 많이 갖고 싶어 하겠지만, 아이 6명을 가진 사람은 그만 가졌으면 할 테니까요."

◉ 붕어빵 수학 공부

붕어빵을 좋아하는 아들에게 아버지가 물었다.

"아들아, 천 원에 붕어빵이 4개면 2천 원에는 몇 개지?"

아들 녀석이 힘차게 대답한다.

"8개요."

다시 아버지가 물었다.

"그럼 3천 원에는 몇 개지?"

아들은 고개를 갸우뚱하면서 한참을 생각하더니 대답했다.

"아빠, 3천 원어치 사본 적이 없잖아요."

◉영어 시간

영어시간에 선생님이 손가락을 펴 보이며 사오정에게 "손가락이 영어로 뭐냐?"고 물었다.

"핑거."

선생님은 놀라서 주먹을 쥐면서 물었다.

"그러면 이건 영어로 뭐냐?"

그러자 사오정이 쉽다는 듯이 대답했다.

"오므린 거."

◉ 시험 채점

국어 선생님이 중간고사 답안지를 채점하고 있었다. 주관식 중에는 《백범일지》의 일부를 적어 놓고 '위 본문의 출처는 어디인가?'라는 문제가 있었다. 채점을 하던 선생님이 갑자기 학생들에게 말했다.

"야, '교과서'라고 쓴 자식 나와!"

◉ 셀프

어느 날 수업시간에 선생님이 학생들에게 말했다.

"공기는 영어로 air입니다. 그럼 물은 뭘까요?"

그러자 한 학생이 말했다.

"물은 셀프(self)입니다."

◉ 봉사심

어느 날, 선생님이 '봉사심'이라는 단어로 짧은 글 짓기를 해보라고 했다. 덩달이는 망설임 없이 말했다.

"심 봉사가 자신의 이름을 영어로 소개합니다. 마이 네임 이즈 봉사심."

트위터 유머

◎ Mr. Lee

한 중학생이 학원에서 영어 받아쓰기 시험을 보고 있었다. 시험을 다 본 후 선생님이 채점하다 뒤집어지고 말았다.
'미스터리(mystery)'라는 단어가 있었는데 한 학생의 답안지에 이렇게 적혀 있었다.
'Mr. Lee'

◎ 국어시간

초등학교 국어시간에 선생님이 학생들에게 비유법에 대해 설명하고 있었다.
"'우리 선생님은 김태희처럼 예쁘다'가 바로 비유법이에요."
그러자 한 학생 왈, "제가 알기로 그건 과장법인데요."

◎ 남의 속도 모르고

버스 2인 좌석에 초등학생 한 명이 다리를 쫙 벌리고 앉아 있었다. 얼마 뒤 대학생이 그 초등학생 옆에 앉았다. 대학생은 초등학생이 다리를 쫙 벌리고 앉은 폼을 보고 더 넓게 다리를 벌렸다. 그러자 초등학생은 안간힘을 쓰면서 다리를 더 벌리려고 했다.

대학생도 지지 않으려고 다리를 벌렸다. 그러다 다리에 힘이 빠진 초등학생이 울면서 말했다.

"형도 포경 수술했어요?"

◉백지 시험지

맹구와 덩달이가 시험을 보고 복도로 나오면서 이야기를 나누었다.

맹구: 너 시험 잘 봤니?

덩달이: 아니, 몰라서 백지로 냈어.

맹구: 나도 백지로 냈는데.

덩달이: 어떡하지? 우리 둘이 시험지가 똑같아서 선생님이 커닝했다고 할 텐데.

맹구: 우리 끝까지 안 했다고 말하자!

◉학생회 선거

어느 대학 단과대 회장 선거 때 있었던 일이다. 공교롭게도 한쪽이 여성, 또 한쪽은 남성이 회장 후보였다. 남자 후보는 키가 155센티미터의 단신이고, 여자 후보는 170센티미터의 장신이었

다. 남자 후보는 심리적으로 위축되었다.

하지만 작은 고추가 매운 법!

남자 후보는 작은 키를 강점으로 삼아서 멋진 플래카드를 걸기로 했다.

'작지만 단단한 놈, 김 아무개'로 친구들이 스티로폼에 색 테이프를 붙여서 정성껏 만든 다음 건물 옥상에 올라가 간신히 붙였다. 그런데 다음 날, 슬로건 맨 첫 글자의 받침 'ㄱ'자가 바람에 날아간 것이다.

슬로건을 올려다보니 거기에는

'자지만 단단한 놈'

이라고 쓰여 있었다.

◉ 병사와 팬티

전쟁이 한창일 무렵 보급품이 끊겨 병사들이 곤란을 당하고 있었다. 어느 날 보급품 장교가 나타나 병사들에게 말했다.

"지금부터 좋은 소식과 나쁜 소식을 전하겠다. 먼저 좋은 소식은 팬티를 다른 것으로 입게 될 것이다."

병사들은 한 달간이나 팬티를 갈아입지 못한 터라 기뻐서 고함을 질렀다.

"이번에는 나쁜 소식을 전하겠다. 자, 지금부터 옆 사람과 팬티를 바꿔 입는다. 실시!"

◎졸병의 비애

이등병과 병장이 목욕탕에 갔다. 병장은 덩치가 엄청 컸고 졸병은 왜소했다. 샤워를 한 병장이 말했다.
"야, 등 좀 밀어라! 끝나면 나도 밀어 줄게."
졸병은 힘겨워하면서 병장의 등을 정성스럽게 밀었다. 다 끝나자 병장이 졸병에게 돌아서라고 한 후 때수건을 등에 대고 말했다
"좌우로 움직여!"

◉보고할 사람

훈련소에서 교관이 모형 수류탄을 던지며 "수류탄이다!"라고 소리쳤다. 훈련병들은 즉시 바닥에 엎드리며 몸을 피했다.

"너희들 중에는 동료를 위해 수류탄에 몸을 던지는 희생정신을 가진 자가 하나도 없군."

교관이 모형 수류탄을 다시 던졌다.

이번에는 모든 훈련병이 수류탄 위로 몸을 던졌는데, 한 명만 멀뚱멀뚱 서있는 것이다.

"넌 왜 거기 그대로 서있는 거야?"

"한 사람은 살아서 보고해야 하잖아요."

◉소대장의 답변

중대장이 중대원들을 모아 놓고 훈시를 하고 있었다.

"군의 기강 확립과 철저한 훈련을 통해 오늘부터 모든 외출과 외박을 금한다."

그러자 저 뒤에서 이런 말이 들려왔다.

"우리에게 자유가 아니면 죽음을 달라!"

중대장이 말했다.

"누구야? 대체 누가 그런 말을 한 거야?"

그러자 소대장이 말했다.

"패트릭 헨리입니다."

"나오라고 해! 본때를 보여 주겠어!"

그러자 소대장이 아쉬운 듯 말했다.

"그는 죽은 지 오래됐습니다."

◉ 군대에서 억울한 점 10가지

1. 먹을 만하면 식사 끝
2. 외박할 만하면 외박 금지
3. 놀 만하면 휴식 끝
4. TV 볼 만하면 동작 그만
5. 휴가 갈 만하면 비상
6. 편지 쓸 만하면 소등
7. 공부할 만하면 작업 금지
8. 편지할 만하면 전역
9. 잠들 만하면 기상
10. 정들만 하면 전출

트위터 유머

◉ 계급별로 나타나는 반응

〈가장 기쁠 때〉

이병 : 종교 행사에서 초코파이 두 개 줄 때

일병 : 신병이 들어와 큰 목소리로 "추~웅~성!" 하고 인사할 때

상병 : 내무실에 고참들이 없어서 TV 리모컨 잡을 때

병장 : 간부가 "말년!"이라고 부를 때

〈기분 더러울 때〉

이병 : 화장실에서 담배 피우다 걸렸을 때

일병 : 애인의 편지가 뜸할 때

상병 : 후임들이 먹을 거 사달라고 할 때

병장 : 휴가 갔는데 집에 아무도 없을 때

〈보람을 느낄 때〉

이병 : 신병 들어와서 이것저것 물어볼 때

일병 : 어느새 늘어 있는 삽질을 실감할 때

상병 : 행군을 하고 돌아와도 발바닥이 멀쩡할 때

병장 : 내무실에 숨어 있다 걸렸는데 "말년이잖아!"라며 봐줄 때

기업 트위터 성공 7계명

① 단순히 팔로워 '수'에 매달리지 말라. 수가 아니라 충성도 높은 팔로워가 필요하다.

② 홍보성 이벤트를 남발하지 말라. 이벤트 때문에 혹해서 왔다가 서운해서 돌아간 팔로워가 있을 수 있다.

③ 팔로워들의 글에 성실히 답글을 남기라. 관심을 가지는 만큼 트위터도 붐빈다.

④ 트위터 담당은 회사에 대한 책임감과 애정이 있는 직원이 맡아야 한다. 인턴, 아르바이트생을 고용해서는 곤란하다.

⑤ 고객과 '실시간'으로 싸우지 말라. 쓸데없는 소모전으로 이어질 수 있다.

⑥ 이벤트는 하루 중 타임라인이 가장 붐비는 시간대를 체크하여 진행하라.

⑦ 트위터를 왁자지껄 놀이터로 만들라. 트위터에 방문했던 사람에게 즐거움을 주는 수다를 날리라.

트위터 유머

> # 재치 유머:
> 웃음으로 풀면
> 술술 풀린다

◎ 교수가 한 수 위

늘 A학점을 받아 오던 공부 잘하는 대학생이 네 명 있었다. 어찌나 자신만만했던지 기말시험을 앞두고 멀리 놀러 갔다. 신나게 놀던 네 사람, 그만 시험 시간에 늦고 말았다. 네 학생은 교수님에게 시험을 보러 오는 길에 자동차 바퀴에 펑크가 났다고 거짓말을 했다. 교수는 다음 날 따로 시험을 볼 수 있게 해주었다.

다음 날 네 사람은 시험을 보러 갔는데 시험 문제는 단 두 문제였다. 배점 5점짜리의 첫 번째 문제는 누구나 맞힐 수 있는 쉬운 문제였다. 하지만 배점 95점짜리 두 번째 문제를 본 그들은 기겁을 했다.

"어제 돌아오는 길에 어느 타이어가 터졌는가?"

◉ 비행기 안내 멘트

비행기가 이륙하자 안전벨트를 풀고 꼬마들이 이리저리 정신없이 돌아다니며 시끄럽게 굴었다. 보다 못한 스튜어디스가 나지막이 한마디 하자 아이들이 찍 소리도 못하고 의자에 앉아 얌전해졌다. 스튜어디스는 이렇게 말한 것이다.

"얘들아, 나가서 놀게 해줄까?"

◉ 아빠의 직업

A: 우리 아빠는 유명한 과학자란다.

B: 우리 아빠는 큰 무역회사의 사장이야.

C: 우리 아빠는 저명한 교수야.

D: 그래? 우리 아빠는 청와대 안에 있는 모든 사람을 벌벌 떨게 만들 수 있지.

A, B, C: 헉! 정말 무서운 분이로구나. 그렇다면……. 대, 대통령?

D: 아니, 청와대 보일러실에서 일하셔.

트위터유머

◉ 될 성싶은 떡잎

인사과장이 신입사원에게 물었다.

"자네가 우리 회사에서 특별히 하고 싶은 일이 있나?"

"글쎄요. 가능하다면 중역 회의에 참석하고 싶습니다."

"자네 미쳤나?"

"예? 미쳐야만 중역이 될 수 있습니까?"

◉ 아이디어 공모

어려운 고비에 처한 회사 경영진은 100만 원의 상금을 걸고 회사 경비를 절감하기 위한 아이디어를 공모했다.

1등상을 받은 아이디어는 다음과 같았다.

"앞으로 이런 아이디어 공모에는 상금을 10만 원으로 줄여야 합니다."

◉ 재치 있는 대답

어느 면접관이 한 면접시험에서 얼굴이 말처럼 긴 응시자에게 질문했다.

"여보게, 자네는 얼굴이 필요 이상으로 무척 길구먼. 혹시 자네는 머저리와 바보가 어떻게 다른지 아나?"

면접관은 이 말을 들은 청년이 얼굴을 붉히고 화를 낼 줄 알았다. 그러나 청년은 태연하게 대답했다.

"네! 실례되는 질문을 하는 쪽이 머저리고, 그런 말에 대답을 하는 쪽이 바보입니다."

이 재치 있는 대답을 한 청년은 합격했다.

◉관점의 차이

한 사람이 말했다.

"서울은 물 한 모금도 돈이야. 살 만한 곳이 못 돼."

그러자 옆에 있던 사람이 말했다.

"그럼 꼭 가야겠군. 물 한 모금만 팔아도 먹고살 수 있을 테니."

◉못 말리는 이웃

이웃에 사는 남자가 거의 매일 찾아와 무엇인가를 빌려갔다.

어느 날 약이 오른 남편이 아내에게 장담을 했다.

"이번에는 아무것도 빌려 가지 못할 거야!"

드디어 이웃집 남자가 찾아왔다.

트위터유머

"혹시 아침에 전기톱을 쓰실 일이 있나요?"
"어휴, 미안합니다. 오늘은 하루 종일 제가 써야 할 것 같은데요. 어쩌죠?"
그러자 이웃집 남자가 활짝 웃으며 말했다.
"그럼 골프채는 안 쓰시겠군요. 좀 빌려도 될까요?"

◉ 질문의 함정

어느 법률 회사 사장이 젊은 입사 지원자에게 이렇게 말했다.
"우리 회사에서 일하기 위해 명심해야 할 사항 가운데 둘째로 중요한 건 우리 회사는 청결함에 무척 신경을 쓰고 있다는 사실이라네. 자네 여기 들어올 때 매트에 발을 털고 들어왔는가?"
"그럼요, 닦았고 말구요."
그러자 사장이 말했다.
"우리 회사가 사람을 뽑을 때 가장 중요하게 생각하는 기준은 바로 진실성이지. 사실은 이 사무실 문 앞에는 매트가 없다네."

◉ 낙천적인 생각

모든 것을 낙천적으로 생각하는 뽀글이가 길을 가는데 작은 새 한 마리가 뽀글이 머리 위를 뱅뱅 돌다가 실례를 했다. 머리에 새 똥을 맞은 뽀글이, 성글거리는 얼굴로 말했다.
"후후, 황소가 하늘을 못 나는 게 다행이구만!"

◉군인의 복수

한 남자가 멀리 전방으로 군대를 갔다. 몇 달 후 여자친구에게서 다음과 같은 내용으로 편지가 왔다.
"이제 우리 헤어져요. 내 사진은 돌려보내 줬으면 좋겠어요."
남자는 화가 났지만 군대에 있는 몸이기 때문에 집에 있던 여자친구 사진을 가져올 수가 없었다. 그래서 부대 내에 있는 모든 여자 사진을 다 모은 뒤 편지와 함께 보냈다.
"어떤 사진이 네 사진인지 기억이 안 난다. 네 것만 빼놓고 다른 사진은 돌려보내 줘."

◉나이

청년이 어느 할아버지에게 연세가 어떻게 되는지 물었다.
"난 7살이여."
"할아버지 농담도 잘 하시네요."

"60살은 무거워서 집에 두고 다녀."

◉이쯤에서 그만

두 남녀가 데이트를 하고 있었다. 남자가 어색한 분위기를 없애려고 여자에게 퀴즈를 냈다.

"수박이 왜 수박인지 아세요?"

"몰라요."

"그럴 '수밖'에. 그럼 만두는 왜 만두인지 아세요?"

"모르겠어요."

"그럴 '만두' 하지!"

여자가 이번에는 자기가 퀴즈를 내겠다고 했다.

"그럼 만두 두 개를 뭐라고 하는지 아세요?"

"뭔데요?"

"그만두게."

◉발모제를 바르는 방법

한 화장품 회사에서 발모제를 개발했는데 잘 팔리지 않았다. 직원들은 고민 끝에 기발한 광고 문구를 만들어 대 히트를 쳤다.

"저희 회사의 발모제는 반드시 솜으로 발라야 합니다. 만약 손으로 바르면 손에 털이 나서 매우 곤란해집니다."

◉어느 화장실의 낙서

당장 일어나라.
지금 그대가 편히 앉아 있을 때가 아니다.

그대가 사색에 잠겨 있는 동안
밖에 있는 사람은 사(死)색이 되어 간다.

그대가 밀어내기에 힘쓰는 동안
밖에 있는 사람은 조이기에 힘쓴다.

신은 인간에게 '똑똑'할 수 있는 능력을 주셨다.
그는 '똑똑'했다. 나도 '똑똑'했다.

문밖의 사람은
나의 '똑똑'함에 어쩔 줄 몰라 했다.

◉ 과일 장수 총각의 재치

트럭에서 과일을 파는 총각이 있었다. 손님들은 이 총각의 트럭에 붙어 있는 문구를 보고 한바탕 웃으며 기분 좋게 과일을 사갔다. 트럭에 붙어 있는 문구는 이랬다.

"저랑 사실래요? 아니면 과일 사실래요?"

◉ 명품 속옷

어느 명품 속옷 회사가 아주 기발한 광고 문구를 내어 대 히트를 쳤다. 광고 문구는 다음과 같았다.

"귀하가 바지 지퍼 잠그는 것을 깜빡해도 당신의 품격을 지켜드립니다."

◉ 가장 즐거운 고객

자영업자들이 어떤 손님이 가장 기분 좋은지에 대해 얘기하고 있다.

이발소 주인: 당연히 단골손님이지. 서로 잘 아니까 일이 참 쉬워.

카페 주인: 우린 역시 섹시한 미모의 아가씨가 최고야. 보기도 좋고 물도 좋아진다고!

중국집 주인: 난 세무서에 배달 갈 때가 제일 기분이 좋아.

이발소, 카페 주인: 왜? 애쓰는 세무 공무원들 식사 대접하는 일이 보람되단 말인가?

중국집 주인: 맨날 세금으로 빼앗기다가 드디어 회수해 올 때의 희열을 자네들은 아는가?

◉ 문제는 그게 아닌데

박봉에 시달리던 사원 하나가 큰맘 먹고 사장실에 들어섰다.

"어젯밤에 집사람하고 길게 의논을 했는데요. 지금 월급으로는 도저히 두 식구가 먹고 살기 힘들다는 결론이 나서……."

사장이 황당하다는 표정으로 대꾸했다.

"아니, 그래서 지금 나한테 이혼 문제를 상의하러 온 건가?"

◉ 센스 있는 질책

자주 지각하는 직원에게: 자네 왔으니 이제 다 온 거군!

아슬아슬하게 출근 시간을 맞춰 온 직원에게: 홈인, 세이프!

회의하는데 자꾸 딴전 부리는 직원에게: 가끔가다 여기도 보고 그래. 얼굴 잊어버리겠어.

문서를 작성할 때 자주 실수를 하는 직원에게: 오늘 입은 옷이 썩 잘 어울리는군! 자네가 외모에 신경을 쓰듯 문장부호에도 신경을 좀 더 써주길 바라네.

◉조삼모사

뚱뚱한 아가씨가 피자 가게에서 피자를 주문했다.

종업원: 여섯 조각으로 잘라 드릴까요, 여덟 조각으로 잘라 드릴까요?

아가씨: 지금 다이어트 중이니 여섯 조각으로 잘라 주세요.

◉채점은 정확히

어느 대학에서 학생들이 중요한 시험을 치렀다. 시험이 끝나자 학생들은 시험지를 교수에게 제출했다. 그런데 한 건방진 학생이 시험지에 "1점에 1달러"라는 메모와 함께 100달러짜리 지폐를 붙여 놓은 것이 아닌가.

다음 수업 시간에 교수는 시험지를 돌려주었는데 돈을 붙였던 그 학생은 시험지와 함께 거스름돈 62달러를 함께 돌려받았다.

◉ 진짜 세계화란

두 친구가 세계화에 대해 진지한 토론을 하고 있었다.
"자네는 세계화가 대체 뭐라고 생각하나?"
"그건 다이애나의 죽음이야."
"어째서 그런가?"
"영국인이 이집트 인 애인과 프랑스의 터널에서 교통사고를 당했는데, 그들의 차는 네덜란드 엔진이 달린 독일제 자동차였고 그 차를 운전한 사람은 스카치위스키를 마시고 취한 벨기에 인이었으며, 그들을 바짝 뒤쫓은 건 일제 오토바이를 탄 이탈리아 인 파파라치였거든!"

◉ 자동 핸드 드라이어

미국 어느 식당 화장실에 설치된 뜨거운 공기를 이용해 젖은 손을 말리는 핸드 드라이어에 다음과 같은 사용 요령이 적혀 있었다.
(1) 손에 묻은 여분의 물을 털어 버린다.
(2) 버튼을 눌렀다가 손을 뗀다.
(3) 노즐 아래서 손을 세차게 비벼 댄다.
(4) 드라이어는 자동적으로 멈춘다.

트위터 유머

그런데 이 같은 사용법 밑에 누군가가 다음과 같이 낙서해 놓았다.

(5) 손을 바지에 닦는다.

◉ 사위의 재치

친정 식구들과의 만찬 자리에 남편을 처음으로 데리고 갔다. 그런데 친정아버지가 사위를 떠보기 시작했다.

"이보게, 자네가 보기엔 자네 부인과 장모 중에 누가 더 음식 솜씨가 좋다고 생각하나?"

남편은 절묘한 외교술을 발휘해 대답했다.

"아내의 기막힌 음식 솜씨는 모두 장모님에게 배운 거라는 걸 이제 알게 됐다고 말씀드리고 싶습니다."

◉ 저작권료

1912년 미국 대통령 선거 중이던 시어도어 루스벨트의 선거본부장은 난감한 상황에 처했다. 선거 팸플릿 300만 부에 저작권자 허락도 안 받은 사진을 실은 것이다. 시세대로라면 300만 달러 이상 물어 주어야 할 판이었다. 선거본부장은 숙고 끝에 저작권자에게 이렇게 편지를 보냈다.

"당신을 전국에 알릴 수 있도록 당신 사진을 팸플릿에 실어 주면 얼마를 낼 용의가 있는가?"

저작권자에게 다음과 같이 답장이 왔다.

"기회를 줘서 고맙다. 250달러 내겠다."

300만 달러짜리 손해를 250달러 이익으로 뒤집은 셈이다.

◉피장파장

굉장히 신경질적인 어떤 사람이 골프를 치다가 공을 잃어버리자 옆에 있던 캐디가 공을 훔쳐간 게 틀림없다며 호되게 나무랐다. 그런데 잠시 후 수풀 속에서 잃어버린 공을 찾게 되었다. 민망해진 그 사람이 사과를 하려고 하자 캐디는 손을 내저으며 이렇게 대꾸했다.

"괜찮아요, 선생님. 선생님은 저를 도둑으로 잘못 보셨고 저는 선생님을 신사로 잘못 봤으니까, 어차피 피장파장이잖아요."

◉나이 사랑

이탈리아의 유명 배우이자 모델인 안나 마니냐는 나이가 들어

서 사진을 찍게 되었다. 그녀는 사진사에게 조용히 이렇게 부탁했다고 한다.

"제 주름살은 수정하지 마세요."

사진사가 그 이유를 묻자 안나 마니냐가 대답했다.

"그걸 얻는 데 평생이 걸렸거든요."

◉제갈공명의 식성

유비가 제갈공명을 설득하기 위해 토끼 한 마리를 사냥해 왔다. 유비는 정성스럽게 요리를 해서 제갈공명에게 바쳤지만 제갈공명은 쳐다보지도 않는 것이었다. 유비는 다시 토끼를 사냥해서 맛있게 요리를 했지만 제갈공명은 역시 요리를 입에 대지 않았다. 고민 끝에 유비는 마지막이라고 생각하며 토끼를 다시 사냥해서 제갈공명에게 찾아가 말했다.

"이 토끼 어떻게 해드릴까요?"

그러자 제갈공명 왈,

"삶고 조려(三顧草廬)."

◉ 루브르 박물관에 불이 난다면

'만약에 파리 루브르 박물관에 불이 난다면?'이라는 설문조사를 했다. 그러자 '모나리자를 갖고 도망가겠다' 등 여러 가지 답변이 나왔다.

그런데 그중 가장 기상천외한 답은 바로 이것이었다.
"입구에서 제일 가까운 작품을 갖고 튀겠다!"

◉ 이 문제 답 아는 사람?

1. 깡패들이 길을 막고 서서 "꼽냐?"라고 묻는데, 아니꼽다고 해야 하나 꼽다고 해야 하나?

2. 대문 앞에다 크게 '개조심'이라고 써놓은 사람의 마음은 사나운 개를 조심하라는 선한 마음일까, 개에게 물려도 책임 못 진다는 고약한 마음일까?

3. 사귄 지 얼마 안 된 그녀와 기차 여행을 갔다. '터널이 이렇게 길 줄 알았으면 눈 딱 감고 키스해 보는 건데'라며 후회하고 있을 때, 갑자기 그녀가 얼굴을 붉히며 내 어깨에 기대면서 말한다. "어머, 자기가 그렇게 대담한 줄 미처 몰랐어요"라고. 나 참, 미치고 팔짝 뛰겠네. 도대체 어떤 놈이야?

트위터유머

◉ 해석하기 나름

노인이 길을 가는데 한 청년이 울고 있었다.

"이보게, 청년. 왜 우시오?"

"제가 이 언덕에서 넘어졌는데 팻말을 보니 여기서 한 번 넘어지면 3년밖에 못 산다고 적혀 있으니 기가 막혀 그럽니다. 엉엉엉."

그 말을 들은 노인이 껄껄껄 웃으며 위로했다.

"그까짓 거 뭘 그리 고민하시오. 30번만 더 넘어지면 되잖소."

◉ 속도 위반

어느 날 사오정이 차를 몰고 시속 200킬로미터 속도로 달리고 있었다. 저 앞에서 스피드 건을 든 경찰이 손짓을 했다. 경찰 앞으로 다가간 사오정이 미안한 표정으로 경찰에게 말했다.

"죄송합니다. 경찰관님, 제가 너무 빨리 달렸죠?"

경찰관이 대답했다.

"아닙니다. 너무 낮게 날았습니다."

◉ 공부가 뭐길래

공부를 못하는 아들에게 화가 난 엄마가 꾸중을 했다.

"아니 년 누굴 닮아서 그렇게 공부를 못하니? 제발 책상에 앉아서 공부 좀 해라!"

그러자 아들은 오히려 당당하게 말했다.

"엄마, 엄마는 에디슨도 몰라? 에디슨은 공부는 못했어도 훌륭한 발명가가 됐어! 공부가 전부는 아니잖아!"

그러자 더 열 받은 엄마가 아들에게 소리쳤다.

"에디슨은 영어라도 잘했잖아!"

◉부인이 수영을 배우는 이유

한 부부가 있었다. 어느 날 부인이 남편에게 물었다.

"당신은 부모님, 나, 아이들이 물에 빠진다면 누구부터 구할 거예요?"

남편은 곧바로 부모님이라고 대답했다. 부인은 속으론 화가 났지만 꾹 참고 다음은 당연히 자기라고 생각하고 다음은 누구냐고 물었다. 하지만 남편은 "아내는 다시 얻으면 되잖아!"라고 말하며 아이들을 선택했다. 부인은 이 말을 듣고 충격을 받았고, 그 후 삶은 무기력해져 결국 우울증까지 걸렸다. 그래서 부인은 정신병원을 찾았다. 의사는 이야기를 하는 내내 통곡하는 부인을 보고 있다가 이윽고 한마디 했다.

트위터유머

"부인, 그렇게 너무 상심하지 말고 차라리 수영을 배워 보는 것이 어떻겠습니까?"

◉ 삐삐 시절

휴대전화가 일상화되기 전, 흔히 '삐삐'라 부르는 호출기를 많이 사용하였다. 어느 경상도 시골 다방에서 어떤 사람이 다방 전화로 호출을 해놓고 기다리는 중에 마침 전화가 왔다.

다방 아가씨: 여보세요. ○○ 다방인데예.

전화 건 사람: 아, 거기 삐삐 한 사람 좀 바꿔 주세요.

다방 아가씨: (잘못 들은 듯 갸우뚱거리며) 삐삐 마른 사람 전화 받으이소.

(아마 이 소리를 수화기를 통해 들은 모양)

전화 건 사람: 아니 아가씨 그게 아니고 호출하신 분 좀 바꿔달라고요.

다방 아가씨: 홀쭉하신 분 전화 받으이소!

 **twitter tip**

트위터로 비즈니스에 박차를 가하라!

① 쉽고 친숙한 이미지를 주는 트위터 ID @username 를 만들라.

② 다른 회사는 트위터를 어떻게 사용하는지를 관찰하라.

③ 트위터 사용자들과 이야기를 하고, 대화 속에 브랜드를 각인시키라.

④ 트위터로 자사 홍보를 하려면, 적어도 한 명 이상 트위터 전담 직원을 배치하라.

⑤ 고객이 트위터로 향후 제품 개발에 대한 아이디어나 피드백에 적극적으로 참여할 수 있도록 하라.

⑥ 운영자의 인간미를 보이라.

⑦ 트위터 에티켓을 배우라.

⑧ 기업의 제품 및 서비스만을 세일즈 목표로 삼지 말고, 의견과 정보를 공유하라.

⑨ 우호적 관계 구축을 위해 시간을 투자하라.

⑩ 기업 입장에서만 말하지 말고 고객의 말에 귀를 기울이라.

트위터 유머

Chapter 4
회식의 왕자가 공주를 얻다

회식 자리에서 좌중을 휘어잡는 비밀은 유머력! 유머는 당신을 한순간에 인기 스타로 만들어 준다. 킹카 퀸카가 당신에게 집중한다.

섹시 유머: 아슬아슬할수록 끌린다

◉ 첫 경험

　나는 오늘 처음으로 했다. 조그만 사각의 방에서 내가 존경하는 그분에게 내 마음의 모든 것을 주었다. 설렘과 두려움으로 맞이했던 그날……. 그러나 끝난 지금 아무 생각도 나지 않는다. 마음의 준비를 다하지 못했던 탓일까. 이런 게 어른이 된다는 것일까.

　하얀색 위에 선명하게 얼룩진 빨간 흔적……. 내가 실수한 건 아닐까. 그러나 후회하지 않을 거야. 내가 선택한 거야. 친구들은 스무 살 때 다 경험했다던데 뭐. 스물한 살, 그래 더 이상 어린애가 아냐. 아! 투표란 이런 것일까!

◉ 이것은 무엇일까요

　남자의 한가운데 달려 있다.

걸을 때 흔들린다.

보통 때는 축 늘어져 있다.

앞쪽이 굵다.

정답: 넥타이

◉누구일까요?

성 폐지론은 누가 주장했나? 고자

성 억제설은 누가 주장했나? 참자

성 개발설은 누가 주장했나? 주자

◉창피해

어떤 남자와 여자가 으슥한 골목으로 갔다.

남자: 우리 키스나 할까?

여자: 어머! 창피해!

그러자 남자는 죽었다. 왜?

바로 창을 못 피했기 때문에.

◎ 키스의 4단계

1단계: 좌충우돌

2단계: 이구동성

3단계: 설왕설래

4단계: 기진맥진

◎ 공원 벤치에서

젊은 남녀가 벤치에 앉아 있는데 모기가 여자의 스커트 속으로 들어갔다. 모기는 어디를 물었을까?

정답: 남자의 손

◎ 같은 말 다른 뜻

어느 신혼부부가 침대 밖으로 기어 나오며 하는 말, "이제 쉽시다."

어느 중년부부가 침대 속으로 기어 들어가며 하는 말, "이제 쉽시다."

◉관계 전 남자 반응

20대: 큰(?) 척한다.

30대: 센(?) 척한다.

40대: 기술이 좋은 척한다.

50대: 아픈 척한다.

60대: 자는 척한다.

70대: 죽은 척한다.

◉관계 전 여자의 반응

10대: 안 해본 척한다.

20대: 모르는 척한다.

30대: 수줍은 척한다.

40대: 싫은 척한다.

50대: 굶은 척한다.

60대: 미친 척한다.

◉노부부의 잠자리

영감: 헐 겨?

마누라: 혀!

잠시 후.

영감: 워뗘?

마누라: 헌 겨?

◎예술과 외설의 차이점

보고 나서 눈물이 나면 예술, 군침이 돌면 외설

애인과 같이 보면 예술, 친구와 함께 보면 외설

보고 마음의 변화가 생기면 예술, 몸의 변화가 생기면 외설

처음부터 다시 보면 예술, 주요 부분만 다시 보면 외설

신문 문화면에 나오면 예술, 사회면에 나오면 외설

비디오를 빌려 줘서 돌아오면 예술, 안 돌아오면 외설

주말의 명화에 나오면 예술, 다섯 개에 만 원이면 외설

감동이 상반신으로 오면 예술, 하반신으로 오면 외설

처음부터 봐야 이해되면 예술, 중간부터 봐도 상관없으면 외설

자막을 봐야 하면 예술, 자막이 필요 없으면 외설

트위터유머

◎할머니의 착각

할머니 집에 도둑이 들었다.

집을 아무리 구석구석 뒤져도 값나가는 것을 하나도 발견하지 못한 도둑이 방구석에 쪼그리고 있는 할머니 손가락에 금반지를 발견했다. 회심의 미소를 지으면서 도둑은 손가락을 까딱거리며 할머니에게 오라고 했다.

머뭇거리다 일어나면서 할머니 하는 말,

"글쎄. 한 지가 하두 오래되어서 잘 될는지 모르겠네."

◎할머니의 자랑

어느 날 도둑에게 성폭행을 당한 할머니가 황당한 낯으로 파출소를 찾았다.

"그러니까 할머니께서 성폭행을 당했단 말이지요? 도둑 얼굴은 보셨어요?"

"아니, 돌아보지 말라고 해서 못봤디야."

"그럼 잡을 수가 없는데 어떡하죠?"

"꼭 잡으라는 게 아니라 그냥 알고나 있으라고."

◉ 가장 잔인한 고문법

〈여자〉

1. 사방이 막혀 있는 방에 가둔다.
2. 온갖 화장품을 모두 넣어 준다.
3. 거울을 안 준다.

〈남자〉

1. 고정된 의자에 묶어 놓는다.
2. 수많은 여자들이 옷 벗는 장면을 보여 준다.
3. 마지막 옷을 벗을 무렵 눈을 가려 버린다.

◉ 저녁상

결혼한 지 얼마 되지 않은 부부. 아내는 저녁 식사를 차려 놓고 남편을 기다리고 있었다. 때마침 현관문을 열고 들어오는 남편을 아내는 반갑게 맞으며 말했다.

"여보! 저녁 드세요."

그러자 남편은 식탁은 보지도 않은 채 아내를 보며 말했다.

"아냐. 난 당신이면 돼."

그리고는 아내를 안고 침실로 향했다. 다음 날도 그랬고, 그 다

트위터유머

음 날도 그랬다. 며칠 후 남편이 퇴근하여 집에 돌아오니 아내가 욕조에 들어가 있었다.

"당신 지금 뭐하고 있는 거야?"

"당신 저녁상 데우고 있어요."

◎변강쇠

세 명의 자칭 변강쇠가 모였다. 한 변강쇠가 힘자랑을 했다.

"어젯밤에 3라운드를 했더니 아침 밥상이 달라지네."

그러자 두 번째 변강쇠가 말했다.

"나는 6라운드를 뛰었더니 상다리가 부러지도록 밥상을 차리더군."

마지막 한 명이 말했다.

"나는 1라운드!"

"겨우? 그래, 아침이 어땠나?"

세 번째 변강쇠 왈,

"제발 아침 식사 준비 좀 하게 해달라더군."

◉ 암탉의 죽음

금슬 좋은 닭 부부가 살고 있었다. 그러던 어느 날 수탉이 암탉을 때리며 소리치는 것이었다.

"이런 싸가지 없는 것! 어디서 오리 알을 낳아!"

그런데 며칠 후 암탉이 죽은 채로 발견되었다. 동네 닭들이 수군거리기 시작했다.

"쯧쯧, 며칠 전에 그렇게 패더니……."

그래서 그 마을의 대장 닭이 수탉에게 엄한 목소리로 물었다.

"수탉, 자네가 죽였나?"

그러자 수탉이 말했다.

"뭐요? 아녀유, 저 혼자서 타조 알 낳다가 죽었슈!"

◉반했습니다

어느 학교 복사실에 못생긴 여자 하나가 들어왔다. 마침 먼저 와있던 잘생긴 남자가 복사를 하다 말고 한참 그녀를 바라보더니, 떨리는 목소리로 말했다.

"바, 반했습니다."

그 말을 들은 여자는 기쁘고 감격스러워서 눈을 반짝이며 어쩔 줄 몰랐다. 그러자 남자가 미소를 지으며 말했다.

"나머지 절반도 금방 끝납니다."

◉강아지의 약속

한밤중에 조그만 강아지 한 마리가 온 동네를 휘젓고 다니며 소란을 피웠다. 골목길을 뛰어다니는가 하면 계단을 뛰어오르기도 하고 지하실로 뛰어들기도 했다. 참다못한 동네 사람들이 강아지 주인을 찾아가 항의했다.

주민: 댁의 강아지가 미친 듯이 뛰어다니고 있어요.

주인: 네, 저도 알고 있습니다.

주민: 그러면 잡아 놓던지 해야지 시끄럽고 불안해서 어디 잠이나 제대로 자겠소?

주인: 조금만 기다리면 괜찮을 겁니다. 그 녀석이 하도 바람을 피우기에 거세를 했더니 여기저기 다니며 약속을 취소하고 있는 중이거든요.

◉이상형

한 미혼 남성이 인터넷 중매 사이트에 자신이 바라는 이상적인 여성에 대한 구체적인 정보를 제시했다. 그는 수상 스포츠를 즐기고, 친구들을 좋아하며, 정장을 즐겨 입고, 아담한 체형을 가진 여성을 원했다. 컴퓨터는 한 치의 오차도 없이 정보를 분석한 후, 그 남자에게 '펭귄'을 추천했다.

◉100층 호텔의 불

100층 호텔 건물이 불길에 휩싸였다. 그런데 6층 창가에서 한 여자 투숙객이 속이 훤히 비치는 잠옷만 걸친 채 살려 달라고 외치고 있었다. 한 소방수가 사다리를 타고 올라가 그 여자를 구출해 냈다.

"고맙습니다. 저를 안고 내려오시느라 너무 힘드셨죠?"

소방수가 말했다.

"아닙니다. 그보다 아가씨를 구하러 올라가기 전에 제 동료 두 명을 KO시키는 일이 더 어려웠습니다."

◉무서운 아기

어떤 가족이 있었다. 갓 말을 배운 아기가 "엄마"라고 하자 엄마가 죽었다. 그 다음 날 아기가 "누나"라고 하자 누나가 죽었다. 아빠는 매우 두려워졌다. 그리고 다음 날 아기가 "아빠"라고 하자……. 옆집 아저씨가 죽었다.

◉심오한 깨달음

어떤 철학자가 종이 위에 '인생에 필요한 것은 무엇인가?'라고 쓴 다음 생각에 잠겨 있는데, 부인이 들어와 뒤에서 목을 껴안으며 속삭였다.

"여보, 좀 쉬었다 해요!"

"조금만 더 있다가 쉬리다."

철학자는 부인을 내보내고 얼른 '인생에 필요한 것은 사랑이다'라고 썼다.

그리고 잠시 후, '그럼 사랑에는 무엇이 필요한가?'라고 쓴 다음 골똘히 생각에 잠겨 있는데 다시 부인이 들어와 속삭였다.

"여보, 난 지금 사랑이 필요해요!"

할 수 없이 아내와 침실로 들어간 철학자는 얼마 후 핼쑥해진 얼굴로 이렇게 썼다.

'사랑에 필요한 것은 몸보신이다!'

 **twitter tip**

드라마보다 극적인 트위터 에피소드 1

할리우드 스타, 자살 직전의 소년을 구하다

2010년 3월 할리우드 스타 데미 무어가 트위터를 통해 자살을 기도한 10대 소년을 구해 화제를 모았다. 데미 무어는 자신의 트위터를 통해 한 소년의 자살 계획에 대해 알게 되었다. 그 소년은 데미 무어의 트위터에 "집 마당에 나가 목을 맬 생각이다. 나는 더 이상 살아갈 이유가 없다. 내가 죽든 살든 신경 쓰는 사람이 아무도 없다"고 글을 남겼다. 이를 발견한 데미 무어는 "당신에게 도움을 주고 싶다"며 소년과 대화를 시도했다. 데미 무어가 소년을 컴퓨터 앞에 잡아 놓는 동안, 동료 배우 니아 바달로스가 무어의 트위터에 접속했다가 소년의 메시지를 발견하고 미국 LA 자살방지센터에 즉시 신고해 결국 소년을 구해 냈다.

수백만 개의 눈이 달린 트위터 무서운 줄 모르고…….

아나운서 출신 사설학원 대표 김 모 씨가 지인의 트위터에 "형! 혹시 ○○대학교 수시 접수하면 연락해 주세요. 저희 집사람 입학사정관인 거 아시죠?"라는 글을 올려 파문을 일으켰다. 특혜 의혹이 제기되었고, 그 대학은 김 씨의 아내를 수시 전형 업무에서 배제했다.

트위터 공약 지키기 위해 나체가 된 사나이

인도네시아 영화 감독이자 작가 조코 앤워는 자신의 트위터에 "오늘 팔로어가 3,000명이 되면 나체로 쇼핑센터에 가겠다"고 선언했다. 당시 그의 팔로어는 1,800명밖에 안 됐다. 그러나 글을 올린 뒤 순식간에 3,000명을 돌파했다. 결국 그는 나체로 쇼핑센터에 가서 약속을 실천했다.

119 역할을 한 트위터

얼굴이 마비될 뻔했던 남자가 트위터 덕분에 위기를 넘겼다. 웹사이트 디자이너인 한 남자는 갑자기 안면근육이 마비되었다. 그는 곧장 트위터에 증상을 설명하며 도움을 구하는 글을 올렸고 다행히 많은 사람들의 도움 끝에 치료를 받을 수 있었다.

트위터 유머

부부 유머:
너 없이 못 살아?
너 때문에 못 살아!

◎ 마누라의 부활

오랜 세월을 함께 한 부부가 예루살렘으로 여행을 떠났는데 부인이 갑자기 세상을 떠나 버렸다. 장의사가 남편에게 말했다.

"당신 부인을 고국으로 운구하는 데 5,000달러가 듭니다. 그러나 신성한 이 땅에 묻으시겠다면 150달러만 있으면 됩니다."

남편은 한참을 생각하더니 부인을 고국으로 운구해 달라고 말했다. 그래서 장의사가 물었다.

"5,000달러나 쓰시나요? 이 땅에 묻으면 150달러만 있으면 되는데……."

그러자 남편은 심각하게 말했다

"예전에 예수님이 이 땅에 묻혔는데 3일 후에 부활하셨습니다. 저는 그게 무서워요."

◉ 근검절약과 경제원칙

근검절약과 경제원칙을 최고로 우선시하는 스코틀랜드인이 자기 아내가 부정한 행위를 하고 있는 현장을 목격했다. 그는 격분한 나머지 권총을 뽑아 들며 소리쳤다.

"에잇, 더러운 것들! 너희들은 살려 둘 가치가 없다. 그렇게 나란히 누워 있지 말고 포개어 누워라! 그래야 한 방에 쏘아 죽일 수 있을 테니까!"

◉ 결혼의 힘

갓 결혼한 남자가 친구들을 만났다.

"결혼 때문에 내 인생관이 이렇게 달라질 줄 몰랐어."

"대체 뭣 때문에 그러는데?"

"응, 결혼 전엔 이 세상 모든 여자들이 다 좋았어. 근데 지금은……."

"지금은?"

"지금은 한 명 줄었어."

트위터유머

◉결혼 전 vs 결혼 후

결혼 전 ↓ (위에서부터 읽을 것)

남자: 아! 좋아, 좋아! 기다리다가 목 빠지는 줄 알았어.

여자: 당신, 내가 당신을 떠난다면 어떡할 거야?

남자: 그런 거 꿈도 꾸지 마!

여자: 나 사랑해?

남자: 당연하지! 죽을 때까지!

여자: 당신, 바람피울 거야?

남자: 뭐? 도대체 그딴 건 왜 묻는 거야?

여자: 나 매일매일 키스해 줄 거야?

남자: 당연하지! 지금도 그러고 싶은걸.

여자: 당신 나 때릴 거야?

남자: 미쳤어? 사람 보는 눈이 그렇게 없어?

여자: 나 당신 믿어도 돼?

남자: 응.

여자: 여보!

결혼 후 ↑ (아래서부터 읽을 것)

◎당신이 뭘 알아?

부인은 말끝마다 "당신이 뭘 알아요?"라며 시도 때도 없이 남편을 구박했다.

어느 날 병원에서 부인에게 전화가 왔다. 남편이 교통사고를 당해 중환자실에 있으니 빨리 오라는 연락이었다. 부인은 허겁지겁 병원으로 달려갔다. 그러나 병원에 도착했을 때 이미 남편의 몸 위에 하얀 천이 덮여 있었다. 허구한 날 남편을 구박했지만 막상 죽은 남편을 보니 그렇게 서러울 수가 없었다. 부인은 죽은 남편을 부여잡고 한없이 울었다. 부인이 한참을 그렇게 울고 있는데 남편이 슬그머니 천을 내리면서 말했다.

"여보, 나 아직 안 죽었어!"

그러자 깜짝 놀란 부인은 울음 뚝 그치면서 남편에게 버럭 소리를 질렀다.

"당신이 뭘 알아요? 의사가 죽었다는데!"

◎도둑의 기술

경찰서에 한 남자가 찾아와서 물었다.

"저는 요 앞에 사는데 어제 저희 집에 들어온 도둑을 잡아 가셨죠?"

그러자 경찰이 대답했다.

"그렇습니다만 무슨 문제로……?"

"아뇨, 그냥 그 도둑하고 잠깐 얘기 좀 나눌 수 있을까 해서요."

"저, 그건 곤란합니다. 화가 많이 나시겠지만 규정상 어쩔 수 없군요."

그러자 그 남자가 말했다.

"그게 아니고요. 전 단지, 어떻게 마누라를 깨우지 않고 집에 들어왔는지 궁금해서요. 저는 아무리 조심해도 매번 실패하거든요."

◉더 큰 문제

"여보, 당신은 왜 내 사진을 항상 지갑에 넣고 다녀?"
"응, 아무리 골치 아픈 일이라도 당신 얼굴을 보면 씻은 듯이 잊게 되거든."
"당신에겐 내가 그렇게 사랑스럽고 중요한 존재구나!"
"그럼! 당신 사진을 볼 때마다 나 자신에게 이렇게 얘기하거든. '내 마누라보다 큰 문제가 어디 있을까?'"

◉40대 주부

철수 엄마: 순이 엄마! 매일 어디 가세요?
순이 엄마: 남편이 매일 반찬이 맛없다고 해서 학원에 좀 다녀요.
철수 엄마: 아, 요리 학원에요?
순이 엄마: 아뇨! 유도 학원에요. 한 번 더 불평하면 던져 버리게요.

◉아버지의 속마음

아버지가 큰딸을 불러 엄숙한 얼굴로 말했다.
"어제 민구가 회사로 찾아와서 너하고 결혼하고 싶다더구나.

난 민구 정도면 만족하지만 당사자가 좋아야지. 그래, 네 생각은 어떠냐?"

딸은 속으로는 기뻐서 어쩔 줄 몰랐지만 애써 슬픈 표정을 지으며 이렇게 말했다.

"하지만 아빠! 전 엄마를 남겨 두고 시집가는 게 너무 괴로워요."

그러자 아버지가 희망에 부푼 눈빛으로 말했다.

"그럼 네 엄마를 데리고 가면 안 되겠니?"

◉마누라 사진

한 남자가 술집에 들어와서 맥주 한 잔을 시켰다. 술이 나오자 셔츠 주머니 안을 들여다보며 술을 마셨다. 한 잔을 다 마신 남자는 한 잔을 더 시켰는데 여전히 주머니 안을 들여다보면서 술을 마셨다. 그 모습을 본 술집 주인이 궁금해서 물었다.

"왜 자꾸 주머니를 들여다보는 거예요?"

그러자 남자가 대답했다.

"주머니 안에 우리 마누라 사진이 있는데, 마누라가 예뻐 보이기 시작하면 집에 갈 시간이거든."

◎ 마누라에게 보여 주고 싶은 것

더럽고 꾀죄죄한 부랑자가 한 남자에게 만 원만 달라고 구걸하자 남자는 주머니에서 만 원을 꺼내들고 물었다.
"내가 이 돈을 주면 얼른 가서 술을 사 마시겠소?"
"아뇨, 술은 오래 전에 끊었지요."
"그럼 이 돈으로 도박을 하겠소?"
"난 도박 안 해요. 먹고 살기도 힘든 판에 어찌……."
"그럼 이 돈으로 골프를 치겠소?"
"무슨 개가 풀 뜯어먹는 소리요? 골프 친 지 10년이 넘었소."
"됐소. 그럼 우리 집에 가서 근사한 저녁이나 먹읍시다!"
부랑자는 깜짝 놀라 물었다.
"부인이 엄청 화를 내지 않을까요?"
그러자 남자가 대답했다.
"문제없소. 난 마누라에게 남자가 술과 도박, 골프를 끊으면 어떤 꼴이 되는지 똑똑히 보여 주고 싶소."

◎ 남편이란

남편이란 존재는 이래저래 애물 덩어리!
집에 두고 오면 …… 근심 덩어리

같이 나오면 …… 짐 덩어리

혼자 내보내면 …… 걱정 덩어리

마주 보고 앉아 있으면 …… 웬수 덩어리

◉ 출산의 고통

어떤 시인이 문장 하나를 가지고 끙끙대며 고민했다. 그러자 그의 아내가 위로하며 말했다.

"작품을 만드는 게 출산의 고통과 같군요. 당신 애쓰는 걸 보니 내가 꼭 애를 낳을 때와 같아요."

그러자 남편이 정색을 하며 말했다.

"무슨 소리? 그래도 애 낳기 전에는 재미라도 보지 않소?"

◉ 성공

자신의 부인이 쓰는 것보다 많이 버는 남자를 성공한 남자라고 부른다. 그런 남자를 찾은 여자를 우리는 성공한 여자라고 부른다.

◎ 40대 이상 남녀에게 꼭 필요한 5가지

〈남자〉

첫 번째, 아내

두 번째, 부인

세 번째, 마누라

네 번째, 와이프

다섯 번째, 여편네

〈여자〉

첫 번째, 돈

두 번째, 머니

세 번째, 비상금

네 번째, 현찰

다섯 번째, 통장

◎ 악몽

어느 부부가 잠을 자는데 남편이 갑자기 벌떡 일어나더니 식은땀을 흘렸다. 놀란 부인이 물었다.

"당신 왜 그래요?"

"나 방금 악몽을 꾸었어."

"어떤 꿈인데요?"

"샤론 스톤과 당신이 나를 차지하려고 싸우다가 결국은 당신이 이기고 말았어."

◉ 행복

남자와 행복하기 위해서 당신은 그를 많이 이해하고 사랑은 조금 해야 한다.

여자와 행복하게 위해서 당신은 그녀를 많이 사랑하고 절대 이해하려 해서는 안 된다.

◉ 벌레

목사가 주일에만 교회에 나오는 한 성도에게 권했다.

"성도님, 새벽기도에 나오세요. 일찍 일어나는 새가 벌레를 잡는 법입니다."

그러자 그 성도가 대답했다.

"하지만 목사님, 일찍 일어나는 벌레는 무슨 죄입니까?"

그때 옆에서 듣고 있던 집사가 끼어들며 말했다.

"그 벌레는 틀림없이 외박하고 새벽에 집에 들어가던 벌레일 겁니다."

◉평생에 세 번

남편은 부인에게 세 번 미안해한다.
1. 아내가 분만실에서 혼자 힘들게 애 낳을 때
2. 카드대금 청구서 날아올 때
3. 부인이 비아그라 사올 때

부인은 남편에게 세 번 실망한다.
1. 운전하다 딴 여자에게 한눈팔 때
2. 잠자리에서 등 돌리고 잘 때
3. 비아그라 먹였는데도 안 될 때

◉아내의 염려

중병에 걸린 아내가 남편에게 말했다.
"여보, 내가 죽으면 당신이 새 여자를 맞아들이겠지요. 하지만 부탁이 있어요. 그 여자에게 제 옷을 입게 하지 마세요."

그러자 남편이 말했다.

"여보, 그건 절대 염려하지 마. 그 여자는 당신과 체격이 다를 뿐만 아니라 취향도 전혀 반대야."

◉ 신 vs. 남편

한 여자에게 남편을 어떻게 대하냐고 물었다.

여자는 "나는 남편을 신처럼 모셔요"라고 말했다.

어떻게 하는 것이 신처럼 모시는 것인지 묻자, 여자는 "수입의 90퍼센트를 나를 위해 쓰고, 나머지 10퍼센트는 남편을 위해 씁니다"라고 말했다.

◉ 강아지와 남편의 공통점

때 되면 끼니를 챙겨 주어야 한다.

가끔씩 데리고 놀아 주어야 한다.

복잡한 말을 알아듣지 못한다.

초장에 버릇을 잘못 들이면 내내 고생한다.

◉ 남편이 강아지보다 좋은 점

돈을 벌어 온다.

간단한 심부름은 시킬 수 있다.

훈련을 안 시켜도 대소변을 가릴 수 있다.

집에 두고 여행을 갈 수 있다.

같이 외출할 때 출입제한 구역이 적다.

◉ 목소리 큰 남자·말 많은 여자

여자분들, 남자 목소리가 왜 여자보다 큰 줄 아십니까? 여자에게 조용히 말하면 안 먹히기 때문이랍니다.

남자분들, 여자가 왜 말이 많은 줄 아세요? 남자가 한두 번 말해선 안 듣기 때문에 그렇답니다.

◉ 다시 태어나도 당신

어느 강좌에서 강사가 물었다.

"여기 계신 분 중에서 다시 태어나도 지금 배우자와 또 살고 싶은 분, 계십니까?"

아무도 손을 들지 않는데 한 할머니가 손을 들었다.

트위터 유머

강사: 지금 영감님과 금슬이 참 좋으신 모양이군요?

할머니: 그렇지도 않아.

강사: 그럼 왜 손을 드셨어요?

할머니: 별놈 있나. 그놈이 그놈인데. 그래도 익숙한 놈이 조금 낫다오.

◉ 호랑이 총각 파티

호랑이들이 모여 총각 파티를 했다. 그런데 갑자기 고양이가 파티장으로 들어왔다. 호랑이들은 기분이 나빠 고양이에게 파티에 왜 왔냐고 물었다.

고양이가 말했다.

"나도 결혼 전에는 호랑이였다!"

◉ 그 남자의 이유

한 남자가 친구 부부에게 저녁 초대를 받았다. 친구 부부와 저녁식사를 하고 있는데, 친구가 식사 내내 아내에게 '마이 달링'이라는 다정스런 호칭을 썼다. 감동한 남자는 식사가 끝난 후 친구에게 물었다.

"결혼생활이 벌써 10년인데, 아직도 그렇게 사랑스러운가? 마치 방금 사랑에 빠진 연인들 같군."

그러자 친구가 말했다.

"그게 말이야, 3년 전부터 아내 이름이 정확히 기억이 안 나더라고!"

◉ 연령대에 따른 부부간 수면 양상

20대 …… 딱 달라붙어 잔다.
30대 …… 마주 보고 잔다.
40대 …… 천장 보고 잔다.
50대 …… 등 돌리고 잔다.
60대 …… 딴 방에서 잔다.
70대 …… 어디서 자는지 모른다.

◉ 결혼기념일 선물

결혼기념일을 맞이한 남편이 아내에게 물었다.

"여보, 결혼기념일 선물로 갖고 싶은 것 있어요?"

아무 대답도 하지 않는 아내에게 남편은 재차 물었다.

"말해 봐요. 옷? 새 차? 다이아몬드? 아니면 요트?"

아내가 대단히 냉정한 얼굴로 대답했다.

"난 이혼을 원해요."

그러자 남편은 얼굴이 하얗게 변하며 대답했다.

"뭐라고? 그렇게 비싼 건 안 돼!"

◉숫자로 보는 남편의 조건

1. 여자 일에 1 1(일일)이 간섭하지 말 것.
2. 해주는 음식에 2 2(이의)달지 말 것.
3. 얼굴과 몸매는 3 3(삼삼)할 것.
4. 여자가 내린 결정에 4 4(사사)건건 참견하지 말 것.
5. 침대에서는 5 5(오오) 소리 나게 해줄 것.
6. 아침마다 6 6(쭉쭉) 해줄 것.
7. 성격은 7 7(칠칠)맞지 않을 것.
8. 정력은 8 8(팔팔)할 것.
9. 언제나 늘 9 9(구구)하고 자상하게 말할 것.
10. 경제력은 0 0(빵빵)할 것.

◉공처가 표어 대회

동상: 아내가 나를 위해 무엇을 할지 생각하기 전에 내가 아내를 위해 무엇을 할지 먼저 생각한다.

은상: 나는 아내를 존경한다. 고로 존재한다.

금상: 나는 아내를 위해 역사적 사명을 띠고 이 땅에 태어났다.

특별상: 니들이 아내를 알아?

명예상: 내일 지구가 멸망한다 해도 나는 오늘 설거지, 청소, 빨래를 할 것이다.

◉고민 상담

시집간 딸이 친정에 와서 남편이 바람을 피운다고 아버지에게 하소연하면서 대처 방안을 물었다. 잠자코 듣던 아버지가 조언했다.

"이 문제는 네 엄마에게 물어보는 게 더 나을 게다. 엄마가 잘 알고 있거든."

◉의심하는 아내

남편을 의심하는 아내가 있었다. 아내는 퇴근하고 돌아온 남편이 샤워할 때 와이셔츠에서 팬티까지 옷을 점검했다. 그러다

기다란 머리카락이라도 나오면 "어떤 여자야?"라며 난리가 났다. 그러던 어느 날 아무리 옷을 자세히 봐도 머리털 하나 나오지 않는 것이었다. 그때 아내가 말했다.

"이젠 하다 하다 대머리 여자까지 사귀냐?"

◉ 부부싸움

매우 슬퍼 보이는 한 남자가 술집에서 혼자 술을 마시고 있었다. 그는 아무런 말도 없이 술만 마셨다. 궁금한 마담이 "무슨 일 있으세요?"라고 물었다. 그러자 그 남자는 한숨을 내쉬며 힘없이 말했다.

"집사람과 좀 다퉜습니다. 그리고는 한 달 동안 서로 말도 하지 말자고 약속했어요. 그런데 그 평화롭던 한 달이 오늘로 끝나거든요."

◉ 아는 사람

부부가 오랜만에 외출을 하고 돌아오는 길에 무단횡단으로 길을 건넜다. 트럭이 지나가다가 놀라서 창문을 열고 무단횡단 하는 남편에게 소리를 질렀다.

"이 머저리야. 병신, 얼간아. 쪼다야, 똑바로 건너!"

이 말을 듣고 아내가 남편에게 물었다.
"아는 사람이에요?"
"아니!"
"그런데 당신에 대해 어쩜 그렇게 잘 알아요?"

◉ 다정한 부부

백화점에서 어느 부부가 다정하게 손을 잡고 다니는 것을 보고 한 매장 점원이 물었다.

"두 분은 얼마나 금슬이 좋기에 항상 손을 잡고 다니세요?"

그러자 남편이 한숨을 쉬며 말했다.

"우리 집사람의 충동구매를 막는 방법은 이 길밖에 없어요."

◉ 재치 있는 말

한 가게 앞을 지나가는데 '창고 대방출'이라는 현수막이 붙어 있고 판매원은 열심히 "골라! 골라! 구경하세요"라고 외치고 있었다. 하지만 사람들이 들어오지 않고 그냥 지나갔다. 그러다가 그가 한마디 하자 사람들은 서서히 가게 안을 기웃거렸다. 특히 아저씨들이 많았다.

판매원이 한 말은 다음과 같았다.

"구경하세요. 우리 카운터 아가씨 엄청 예뻐요."

◉엄마 닮은 처녀

데리고 가는 여자마다 어머니가 퇴짜를 놓는 바람에 마흔이 다 되도록 장가를 못 간 만복이는 궁리 끝에 어머니를 닮은 처녀를 구해 달라고 중매쟁이에게 부탁했다. 중매쟁이는 천신만고 끝에 만복이 어머니와 생긴 모습, 말하는 것, 옷 입는 것, 심지어 음식 솜씨까지 쏙 닮은 처녀를 찾아 만복에게 선을 보였다.

며칠 후 중매쟁이가 물었다.

"이번에는 어머님께서도 만족하셨지요?"

"네, 아주 흡족해하셨습니다. 그런데……."

"왜요? 또 다른 문제라도?"

"이번엔 아버지께서 제가 그 처녀와 결혼을 하면 집을 나가시겠다고 완강히 반대하십니다."

◉마누라 닮은 여자

한 아내가 남편의 마음을 떠보려고 가발과 진한 화장, 처음 보는 옷 등을 차려입고 남편의 회사 앞으로 찾아갔다. 드디어 있는 폼 없는 폼을 재며 걸어 나오는 남편에게 다가가서 그윽하고 야한 목소리로 말을 건넸다.

"저기요오, 아저씨이! 저와 오늘 밤 어때요? 첫눈에 당신을 사랑하게 된 것 같다고요."

남편은 냉랭하게 말했다.

"됐소! 댁은 내 마누라랑 너무 닮아서 재수 없어!"

◉ 골칫거리

불면증에 시달리고 있는 남자가 의사를 찾아갔다. 의사가 환자에게 말했다.

"이걸 명심하세요. 불면증을 치료하고 싶으면 골칫거리를 잠자리로 안고 가서는 안 됩니다."

"잘 알고 있습니다. 그렇지만 그럴 수가 없어요. 마누라가 계속 들러붙어 있으니까요."

◉ 한국 여자, 일본 여자, 중국 여자

한국여자와 일본여자 중국여자가 모여 수다를 떨고 있었다.

〈중국 여자〉

전 남편에게 이렇게 말했죠.

"더 이상 난 밥을 할 수 없다. 먹고 싶으면 네가 해먹어라."

첫날은 아무것도 하지 않더군요. 둘째 날도 아무것도 안 했죠. 드디어 셋째 날이 되자 자기가 밥을 하더라고요.

〈일본 여자〉

전 이렇게 말했죠.

"이제 집안일을 안 하겠어요. 정 불편하면 당신이 하세요."

첫날에는 아무것도 안 하더군요. 둘째 날도 역시 안 했고요. 그런데 셋째 날이 되니까 자기가 슬슬 하기 시작했어요.

〈한국 여자〉

저도 그렇게 말했어요.

"더 이상 밥을 할 순 없어요. 당신 먹을 건 당신이 하세요."

그때 일본 여자가 물었다.

"그래서, 어떻게 됐죠?"

한국 여자가 말했다.

"첫날에는 아무것도 안 보이더군요! 둘째 날도 역시 안 보였어요. 셋째 날쯤 되니까 슬슬 눈에 부기가 빠지면서 보이기 시작하더라고요. 맞아 죽는 줄 알았지 뭐예요."

◉ 공처가의 고민

초췌한 모습의 공처가가 의사를 찾아갔다.
"선생님, 며칠째 계속 악몽에 시달리고 있어요."
"자, 진정하시고 그 악몽에 대해 말해 보세요."
"매일 밤 꿈속에서 열 명의 아내와 함께 사는 꿈을 꾸거든요. 정말 미치겠어요."
의사는 고개를 갸우뚱거리며 물었다.
"그게 왜 악몽이죠? 좋을 거 같은데……."
"뭐라고요? 그럼 선생님은 열 명의 여자를 위해 밥하고 빨래하고 청소해 본 적 있으세요?"

◉ 오래된 부부

갓 결혼한 어떤 신부가 새색시처럼 보이는 것이 부끄러웠다. 신혼부부를 태운 차가 호텔에 도착하자 신부가 말했다.
신부: 자기야, 저기 말이야, 우리가 오래된 부부처럼 보이게 하는 방법이 없을까?

신랑: 그럼 당신이 이 여행가방을 들어!

◉여자의 속마음

어느 부인이 남편을 여의고 슬픔에 젖어 관에 매달려 통곡을 했다.

"여보, 저를 두고 가시다니 웬 말이요? 저도 당신을 따라갈 테니 저를 데려가 줘요!"

그녀는 울부짖으며 관을 얼싸안고 자기도 데려가 달라고 넋두리를 했다. 그러다 그만 관 뚜껑 사이에 그녀의 머리카락이 끼고 말았다. 한참 후에 고개를 들던 그녀는 기겁했다. 머리카락이 관 뚜껑 사이에 끼여 꼼짝할 수 없었던 것이다. 그녀는 이렇게 소리쳤다.

"안 갈래요! 놔주세요! 평소엔 내 말 안 듣더니 오늘은 왜 내 말을 듣고 난리예요!"

 **twitter tip**

드라마보다 극적인
트위터 에피소드 2

가난한 예비 신부, 트위터 덕분에 인생 역전

결혼을 앞두고 30달러밖에 모으지 못한 가난한 19살 예비 신부 세라 칼린이 트위터의 위력으로 하루아침에 '신데렐라'가 되었다. 미국의 유명 TV 프로그램 〈투나잇 쇼〉의 전 진행자이자 인기 코미디언인 코난 오브라이언이 세라 칼린을 팔로우한 순간 믿을 수 없는 일들이 눈앞에 펼쳐졌다. 코난 오브라이언은 자신의 트위터에 "나는 임의로 선정한 단 한 명만 팔로우하겠다"고 글을 남겼는데, 그 주인공이 전 재산 30달러의 가난한 예비 신부 세라 칼린이었던 것. 코난 오브라이언이 세라 칼린을 팔로우하자마자 약 3만여 명의 팔로워들이 생겼다. 그들은 세라 칼린의 사연을 보고 그녀를 돕기 시작했다. 가난 때문에 결혼을 포기하려 했던 그녀는 팔로워들의 도움으로 무사히 사랑하는 사람과 결혼할 수 있었다. 이후 세라 칼린 부부는 남들을 돕고 봉사하며 살고 있는 것으로 알려졌다.

트위터유머

트위터, 억울한 살인 누명을 벗기다

온두라스에서 억울하게 살인 혐의로 기소되었던 한지수의 누명을 벗긴 것도 트위터다. 2009년 8월 '온두라스 한국인, 억울한 살인 누명'이란 글이 트위터를 통해 급속히 전파됐다. 트위터를 통해 한 씨 구명운동 소식을 접한 정동영 민주당 의원이 정부가 나서 줄 것을 촉구하고, 트위터에 질의 내용과 답변을 실시간 공개했다. 이는 외교통상부의 적극적인 지원 약속으로 이어졌다. 결국 한 씨는 2010년 10월 억울한 누명을 벗고 무죄선고를 받았다.

트위터로 결혼식 생중계

1인 미디어 트위터가 결혼식 중계 역할을 톡톡히 하고 있다. 미국에서 한 신랑이 자신의 결혼식에서 주례사를 듣던 중, 스마트폰을 꺼내 "저 방금 결혼했어요. 이제 신부에게 키스해야 해요"라고 트윗을 올린 것. 장동건과 고소영의 결혼식도 트위터로 소식이 올라왔다. 이현승 감독은 정우성이 장동건의 부토니아를 받았다며 트위터로 알렸다. 작곡가 윤일상은 '4시간 30분 뒤에 결혼' '결혼 시작' '폐백 중' 등 자신의 결혼식 과정을 실시간 업데이트 해 눈길을 끌었다.

고전 유머:
웃음에도 원조가 있다

◉우기는 사람 시리즈

'으악새'가 새라고 우기는 사람

'허장강'을 강이라고 우기는 사람

'태종대'를 대학이라고 우기는 사람

'복상사'를 절 이름이라고 우기는 사람

'몽고반점'을 중국집이라고 우기는 사람

'구제역'이 양재역 다음이라고 우기는 사람

'안중근 의사'가 유명한 외과의사라고 우기는 사람

'탑골 공원'과 '파고다 공원'이 다르다고 우기는 사람

'비자카드' 받아놓고 미국 비자 받았다고 우기는 사람

'김대중 전 대통령'이 조선일보에 칼럼 쓴다고 우기는 사람

트위터유머

◉ 들어도 기분 나쁜 칭찬

백 살까지 사실 거예요.(올해 99세이신 할머니에게)

꼭 다시 한 번 와주세요.(간수가 출옥하는 죄수에게)

당신은 살아 있는 부처님입니다.(선행을 베푼 목사에게)

당신의 불같은 성격이 마음에 들어요.(화상을 입은 환자에게)

당신이 참석해 주셔서 자리가 빛이 났습니다.(대머리 신사에게)

참 정직한 분 같아요.(직구밖에 던지지 못해 좌절하고 있는 투수에게)

◉ 할머니와 택시 1

어느 날 시골 할머니가 택시를 탔다.

택시기사: 어디 가시나요?

할머니: 이놈이 팍! 기냥!

택시기사: 어이쿠! 왜 때리세요?

할머니: 나 경상도 가시나다. 어쩔래?

◉ 할머니와 택시 2

택시 요금은 2,000원이 나왔는데 할머니는, 1,000원만 냈다.

택시기사: 요금은 2,000원인데요?

할머니: 이놈아, 너랑 나랑 둘이 타고 왔으니까 반만 주면 되지!

◎할머니와 택시 3

할머니가 밤에 택시를 타려는데 택시가 잡히지 않았다. 그런데 옆 사람들을 보니 "따, 따불!"이라고 하니 택시가 서는 것이다. 그걸 본 할머니가 "따, 따, 따…… 따불!"이라고 했더니 그 앞에 택시가 여러 대 섰다. 그중 가장 마음에 드는 택시를 타고 집 앞에 내리니 요금이 5,000원 나왔다.

할머니: 요금 여기 있수다!

택시기사: 할머니! 따, 따, 따…… 따불이었잖아요?

할머니: 이놈아, 나이 먹어 내가 말을 더듬는다!

◎끝말잇기

서울 할머니와 경상도 할머니가 끝말잇기를 했다.

서울 할머니: 계란

경상도 할머니: 란닝구(런닝셔츠)

서울 할머니: …….

경상도 할머니: 와예?

서울 할머니: 외래어는 쓰면 안 돼요.

경상도 할머니: 그라믄 다시 하입시더.

서울 할머니: 타조

경상도 할머니: 조~오 쪼가리(종이 쪽지)

서울 할머니: 한 단어만 사용해야 해요.

경상도 할머니: 알았습니더. 다시 해보소.

서울 할머니: 장롱

경상도 할머니: 롱갈라묵끼(나눠 먹기)

서울 할머니: 사투리도 쓰면 안 돼요.

경상도 할머니: 그머 함만 더 해봅시더.

서울 할머니: 노을

경상도 할머니: 을라(아이)

서울 할머니: ……?

◎기사의 실수

고속버스 기사가 안내 방송을 했다.

"잠시 후 이 차는 목적지인 부산에 도착합니다."

기사의 안내 방송을 들은 승객들은 모두 자리에서 일어나 소동을 벌였다.

"광주로 갈 차가 왜 부산으로 온 거요? 도대체 어찌된 일입니까?"

당황한 운전사가 차에서 내려 말했다.

"내가 차를 잘못 탔네!"

◉ 지하철에서

사오정이 지하철을 탔다. 그런데 옆의 아저씨가 꾸벅꾸벅 조는 것이었다. 몇 정거장이 지나고 아저씨가 깨어났다. 사오정의 옆구리를 쿡쿡 찌르면서 말하는 아저씨.

"여기가 어디죠?"

잠시 후 사오정이 하는 말.

"옆구리요."

◉ 미래형

하루는 선생님이 만득이에게 질문을 했다.

"'훔치다'의 과거형은 뭐지?"

"'훔쳤다'입니다."

"잘했어. 그러면 미래형은 뭐지?"

그러자 만득이가 하는 말.

"'교도소'입니다."

◉삼국지

어느 날 유비, 관우, 장비가 오랜만에 영화를 보러 영화관에 갔다. 유비와 관우는 팝콘과 콜라를 사러 가고 장비는 영화표를 끊으러 갔다. 유비와 관우가 팝콘과 콜라를 사고 장비를 기다리는

데, 한참이 지나도 장비가 오지 않았다. 그런데다 장비가 매표소 아가씨와 티격태격하고 있는 것이 아닌가. 유비와 관우가 싸움을 말리고 장비에게 물었다.

"왜 싸웠느냐?"

장비는 대답했다.

"그 아가씨가 조조만 할인해 준다고 하잖아요."

◉부전여전

사오정이 딸과 함께 아침 운동을 나갔다. 그런데 지나가던 사람이 사오정을 보고 손짓하며 말했다.

"아저씨, 운동화 짝짝이로 신었어요."

사오정이 아래를 내려다보니 정말로 한쪽은 흰색, 다른 한쪽은 검은색 신발이었다. 운동하던 사람들이 사오정을 보고 웃었다. 사오정이 딸에게 말했다.

"어서 집에 가서 아빠 운동화 가져와. 창피해서 운동이고 뭐고……. 빨리 가져와."

딸은 쏜살같이 달려갔다. 그동안 사오정은 큰 나무 뒤에 숨어서 딸이 오기만 기다렸다. 얼마 후 딸이 돌아왔는데 손에 아무것도 없었다.

"왜 그냥 왔니?"

그러자 딸이 말했다.

"아빠, 소용없어요. 집에 있는 것도 한쪽은 흰색, 또 다른 한쪽은 검은색이에요."

◉사오정의 식사

사오정이 유치원에서 배운 대로 식사 전에 "감사히 먹겠습니다"라고 인사를 했다. 사오정의 부모는 그런 사오정이 자랑스러웠다. 그런데, 어느 날 사오정 엄마가 너무 바빠서 반찬을 두 가지밖에 준비하지 못했다. 그러자 반찬을 한참 동안 바라보던 사오정이 말했다.

"간신히 먹겠습니다."

◉사오정의 시력

사오정이 드디어 보청기를 장만한 날.

학교 자습시간을 마치고 수업이 시작되었다. 선생님이 칠판에 수업 내용을 적고 있는데 맨 뒤에서 자꾸 이상한 소리가 나는 것이었다.

선생님이 말했다.

"야, 거기 맨 뒤에 필기 안 하고 뭐해?"

사오정이 대답했다.

"안 보여서요."

"그래? 네 눈 몇인데?"

"제 눈은 둘인데요."

"아니, 아니. 네 눈이 얼마냐고?"

"제 눈은 안 파는데요."

"야, 네 눈이 얼마나 나쁘냐고?"

"제 눈은 뭐, 나쁘고 착하고 그런 거 없는데요."

◉사오정 선생님

사오정이 고등학교 국어 교사가 되었다. 어느 날 수업을 하는데 교과서에 '도토리 묵'이라는 단어가 나왔다. 순간 어렸을 적 어려웠던 시절이 생각나 잠시 수업을 멈추고 회상에 잠기는 듯 교정을 바라보다가 불쑥 말을 이었다.

"얘들아, 선생님은 묵만 보면 학교 다닐 때 읽었던 유명한 소설이 생각난단다."

아이들은 그 소설이 무엇인지 궁금해 선생님의 이야기에 집중

했다. 사오정은 칠판에 이렇게 적었다.

"헤밍웨이 作《묵이여 잘 있거라》"

◉버스 탄 최불암

최불암이 버스를 탔다. 종로에 오자 운전사가 이렇게 크게 외쳤다.

운전사: 2가입니다. 2가 내리세요!

그러자 몇 사람이 우르르 내렸다.

잠시 후 운전사가 또 소리쳤다.

운전사: 5가입니다. 5가 내리세요!

또 몇 명이 내렸다.

안절부절 못하던 최불암, 드디어 운전사에게 달려갔다.

최불암: 왜 이가하고 오가만 내리게 하는 거여? 최가는 언제 내리는 거여?

◉참새의 착각

참새 한 마리가 달려오던 오토바이와 부딪치면서 그만 기절을 하고 말았다. 마침 우연히 길을 지나가다 그 모습을 본 행인이 새를 집으로 데려와 치료를 하고 모이를 준 뒤 새장 안에 넣어 두었다. 한참 뒤에 정신이 든 참새는 이렇게 생각했다.

"아, 이런 젠장! 내가 오토바이 운전사를 치여서 죽인 모양이군. 그러니까 이렇게 철장 안에 갇힌 거지."

◉맹구가 손을 씻는 이유

요즘 맹구가 화장실을 다녀와서 손을 씻는 것을 보고 엄마는 이제 아들이 철이 들었다고 생각했다. 그래서 마을 사람들을 모아 놓고 침이 마르도록 칭찬을 하고 있었다.

그때 마침 맹구가 손을 씻지 않고 화장실에서 나왔다. 동네 아줌마가 물었다.

"왜 오늘은 손을 씻지 않니?"

그러자 맹구 왈.

"오늘은 휴지가 있었어요."

미션! 팔로워를 모아라!

팔로워가 따르는 인기 있는 트위터가 되려면 다음 사항을 유념하라.

① 한국트위터 모임 http://www.twitaddons.com 에 가입하라. 이 사이트는 트위터 본사와는 상관없이 국내에서 개발한 사이트로, 트위터의 부족한 기능을 채울 수 있는 다양한 서비스를 제공한다. 리트윗을 많이 한 뉴스나 사진을 실시간으로 볼 수 있다. 팔로우 매니저 기능이 있어서 내가 팔로우 했는데 나를 팔로우 하지 않는 사람, 나를 팔로우 했는데 내가 팔로우 하지 않은 사람을 알 수 있다. 나의 팔로워 중에서 내가 팔로잉 한 사람의 비율을 계산해 주는 맞팔율 계산기 서비스도 있다. 또한 공통의 관심사를 가진 트위터리언들끼리 '당'(모임)을 만들어 활발하게 교류하고 정보를 공유할 수 있다.

② 팔로워를 모으기 위해 가장 기본적으로 해야 할 일은 친구든 유명인이든 잘 모르지만 관심이 가는 사람을 먼저 찾아가 팔로우를 맺고, 나를 팔로우 하는 사람에게도 맞팔로우를 맺는 것이다.

③ 트윗 활동에 규칙성이 있으면 좋다. 일정 시간에 반드시 나타난다거나 똑같은 주제에 대해 이야기하거나 퀴즈나 이벤트를 진행한다면 팔로워의 관심을 모을 수 있다. 가치 있는 콘텐츠, 알짜 정보를 제공하여 사람들과 꾸준히 소통하다 보면 자연스럽게 네트워킹이 이뤄진다.

트위터 유머

요절복통 건배사:
재치 구호로 파티 분위기 Up!

◎ 송별 모임

고사리: 고맙습니다. 사랑합니다. 이해합니다.

변사또: 변함없는 사랑으로 또 만납시다.

무화과: 무척이나 화려했던 과거를 위하여!

해당화: 해가 갈수록 당당하고 화려하게!

◎ 회식 모임

개나리: 계급장 떼고 나이는 잊고 릴렉스하게!

통통통: 의사소통! 운수대통! 만사형통!

주전자: 주인답게 살고, 전문성을 갖추고, 자신감을 갖고 살자!

위하여: 위기를 기회로! 하면 된다! 여러분, 힘내세요!

◉ 사랑과 우정

사우나: 사랑과 우정을 나누자.

오징어: 오래도록 징그럽게 어울리자.

◉ 남녀 동반 모임

당나귀: 당신과 나의 귀한 만남을 위하여!

변사또: 변치 말고 사랑하자. 또 사랑하자!

우아미: 우아하고 아름다운 미래를 위하여!

사이다: 사랑합니다! 이 생명 다 바쳐서! 다시 태어나도!

트위터유머

◉ 성공과 행복 기원

나가자: 나라를 위하여, 가정을 위하여, 자신을 위하여!

세우자: 세상도 세우고, 우리 가정 경제도 세우고, 자기 거시기도 세우자!

소나무: 소중한 나눔의 무한한 행복을 위하여!

진달래: 진실하고 달콤한 내일을 위하여!

오바마: 오래오래 바라는 대로 마음먹은 대로 이루어지기를!

◉ 분위기 띄울 때

지화자: 지금부터 화끈한 자리를 위하여!

단무지: 단순하게 무식하게 지금을 즐기자!

거시기: 거절하지 말고 시키는 대로 기쁘게!

니나노: 니랑 나랑 노래하고 춤추자!

◉ 건강 기원

재건축: 재미나고 건강하게 축복받으며 살자!

개나발: 개인과 나라의 발전을 위하여!

당신 멋져: 당당하게 신나게 멋지게 져주며 살자!

소녀시대: 소중한 여러분의 시간에 잔 대보자!

원더걸스: 원하는 만큼 더도 말고 걸맞게 스스로 마시자!

무시로: 무조건 시방부터 로맨틱한 사랑을 위하여!

◉모임을 끝낼 때

초가집: 초지일관 가자, 집으로! 2차는 없다.

119: 한 가지 술을 1차에 9시까지만 먹기.

마돈나: 마시고 돈 내고 나가자.

트위터 유머

 **twitter tip**

뉴스 속보보다 한발 빠른 트위터 속보!

위암 투병 탤런트 장진영 사망

장진영 씨의 사망 소식은 트위터가 가장 빨랐다. "장진영 씨 사망했다네요"라는 글이 트위터에 올라왔고 순식간에 퍼졌다. 연합뉴스에 속보가 올라온 것은 몇 분 뒤였다.

유재석 아들 출산

개그우먼 송은이는 5월 1일 오후 1시 20분께 "푸르른 5월! 어린이의 달, 가족의 달, 뚝아! 축하해"라고 친구인 유재석의 아들 출산 소식을 알렸다.

7개월 영아 살린 트위터의 기적

'Rh-O형 혈액 급구' 부모 요청에 수혈자들 나타나 골수 이상 증세로 고통 받고 있는 아기의 사연이 알려진 하룻만에 귀한 생명을 구했다.

'곤파스' 태풍 피해

2010년 추석 연휴, 갑작스레 찾아온 기습 폭우에 트위터의 속보력이 빛을 발했다. 트위터 사용자들은 피해 현장 사진들과 교통 정보 등을 실시간으로 제보해 침수 피해에 대처하는 요령을 공유했다.

화재 현장 생중계

2009년 10월 서울 강남 파이낸스 센터 화재 상황을 한 트위터리언이 생중계했다. '강남 파이낸스 빌딩 화재 경보로 대피 중, 지하 2층에 화재'라는 단문을 시작으로 대피 경로와 현장 상황을 실시간 중계했다.

삼성 이건희 회장 복귀

이건희 회장의 복귀는 어느 언론도 눈치 채지 못했던 일로 트위터가 전한 소식이다. 삼성그룹 공식 트위터에 "이건희 삼성전자 회장이 경영에 복귀합니다"라는 짧은 문장이 올라온 뒤에야 언론 보도가 쏟아졌다.

트위터 유머

254 * 255

트위터 유머
twitter humor

1판 1쇄 2010년 12월 15일 발행
1판 8쇄 2018년 1월 22일 발행

엮은이 강진영
펴낸이 김정주
펴낸곳 ㈜대성 Korea.com
등 록 제300-2003-82호
등록일 2003년 5월 6일

주소 서울시 용산구 후암로 57길 57 (동자동) ㈜대성
대표전화 (02) 6959-3140 | 팩스 (02) 6959-3144
홈페이지 www.daesungbook.com | 전자우편 daesungbooks@korea.com

ISBN 978-89-92758-78-9 (03320)

가격은 뒤표지에 있습니다.

Korea.com은 ㈜대성에서 펴내는 종합출판브랜드입니다.
잘못 만들어진 책은 구입하신 곳에서 바꾸어 드립니다.

이 도서의 국립중앙도서관 출판시도서목록(CIP)은 e-CIP
홈페이지(http://www.nl.go.kr/ecip)에서 이용하실 수 있습니다.
(CIP제어번호: CIP2010004193)